左脑思维与趣味数学

多项思维能力的全面开发

〔韩国〕朴富成 著　张颖 译

译林出版社

朴富成——一个让人感到十分新奇的人，一个头脑非常敏锐的人，他真的非常与众不同。最近，很多人都在研究爱因斯坦的大脑，可是如果可以的话，我很想进入朴富成的大脑里去一探究竟。

只用“头脑敏锐”这四个字来形容朴富成显然是不够全面和生动的。我认为他完全可以成为国家指定的人类文化财产当中的一块珍奇异宝。现在我来解释一下“朴富成头脑敏锐”这句话的含义。

首先，他理解事物的速度极快。我生活的这些年，还没有见到过比朴富成理解事物速度更快的人，理解速度和他差不多的人我也只碰到过三个。我本人并不十分相信 IQ 测试这种东西，可是我可以非常肯定地说，朴富成的 IQ 非常高。虽然 IQ 可以通过训练得到提高，但是朴富成根本就不需要训练，因为他的智商简直达到了出 IQ 测试题的水准。

他的幽默感也是处于世界领先水平的，“才气”这个词仿佛就是为他量身打造的。当年我在首尔大学任教，每次和学生们聚餐，我一感到气氛有点沉闷时，就会向他求援：

“富成啊，有没有什么有意思的话题？”

每当此时，他的那些令人感到神奇的、闻所未闻的话题就能够调动在座的每一个人的神经。特别是“接话、接词”这种形式的游戏，每到话题承接处，气氛一下子就被带动起来了。屏住呼吸后那决定性时刻的场景，我至今仍历历在目。通过朴富成，我真切地感受到，同一件事情由不同的人讲出来，效果确实会有很大的差异。我课堂上给学生们讲的那些幽默话题绝大多数都是从朴富成那里学来的，另外我还经常从他那儿听到很多“脑筋急转弯”。

他还是一个无所不知的“百事通”。几年前，有一次，他的指导老师金明涣教授家举办了一次聚会，金教授指导的所有学生都来了。当时教授的女儿世华正沉浸在一本数学谜题集中，可是书中的题目太难了，就连引领韩国数学界发展的这些精英们都束手无策。这时朴富成站了出来，他把所有的问题逐个解答了出来。看到他如此轻松就解答出来，世华甚至感到有点生气。此时韩国整数论领域的新星吴炳权博士（当时是新星，现在几乎已经成为韩国整数论领域的中流砥柱了）站了出来。

“你可能不知道这个：你能用四根火柴棍组成两个正三角形吗？”

朴富成简直是以迅雷不及掩耳之势便做出了回答：

“哥，您该不会是说用三根火柴摆好一个正三角形，剩下一根戳一只眼睛的‘幼稚方法’吧？”

答案正是这种“幼稚方法”。吴炳权博士皱了皱眉头，悻悻地闭上嘴巴。我在阅读这本书的时候，脑海中还总浮现出这一幕，还是会忍俊不禁。

不仅是数学难题，朴富成还了解许许多多别的方面的知识，电影、绘画、历史、时事……他真的是无所不知。在这里我用了“许许多多”这个词，我担心他拥有那么大的知识量，而真正为“数学上的创造”所必需的知识就不够了。但这完全是从我这种“标准化”人士的角度产生的想法。对朴富成来说，这不会是一个大问题，想到这里我就放心了。

不久前，首尔大学数学系的网站论坛上有人从别的地方转载了一篇帖子，其主要内容如下：

波多黎各的国立美术馆有一幅画，画面上一位身穿蓝色囚衣的老人在吮吸着一位年龄近似他女儿的年轻妇人的乳汁。人们看着这幅猥琐的画面便心生不快，但是这幅画的“本质”并不猥琐。

这位老人是为波多黎各的自由和独立而战的斗士。把他抓住并关押起来的独裁政权想要把他饿死。在生命最后的日子里，来监狱看望他的女儿不忍心眼睁睁地看着父亲因饥饿死去，就让父亲含起了自己的乳头。波多黎各人认为这幅画蕴涵了最高的民族精神，并以此为傲。如果知道了事物的本质，那么从一开始就会不同……

接下来，朴富成登场了。他发表了一篇名为《这就是所谓的本质》的文章。全文如下：

如果知道波多黎各是一个什么样的地方的话，那么“国立美术馆”这种表达就会显得很奇怪。还有，在中南美的波多黎各创作的这幅画先不要说现代感，怎么会有一种文艺复兴的气息呢?

事情的真相是这样的：监狱里就要被饿死的父亲吮吸女儿的乳汁是事实，问题是这个令人感动的故事不是发生在波多黎各而是古代罗马！公元30年左右，在瓦勒里乌斯·马克西姆斯(Valerius Maximus)的《名言和事迹》里记载了这个故事。故事里的父亲叫西蒙，女儿叫佩洛，让父亲吸吮自己乳汁这一崇高的行为感动了当局，最终父亲被释放。以这个故事为主题创作的画被称为 *Caritas Romana*，古代罗马壁画中也多次引用这一主题，足见它当时的人气。

但是进入中世纪，这个主题几乎销声匿迹，直到注重人类肉体的文艺复兴时代的到来，才又唤起了这个主题。

这幅画绝不是描绘老人和年轻女子之间这种不自然爱情的三流色情之作，但是如果从“对肉体的关心”这个角度来看，这幅画多多少少也含有一些肉欲的气息，所以看到这幅画就想到性爱这些东西绝不是错误。在对艺术品的鉴赏上，不存在所谓的正确答案。反而，看到 *Caritas Romana* 就说他是波多黎各为了自由和独立同独裁政权作斗争的斗士这种荒诞的、严重曲解的说法才是一种真正的错误。

“如果知道了事物的本质，那么从一开始就会不同”这句话，是不是应该从“波多黎各国立美术馆”众多胡乱的解释中收回呢?

还有，这幅画是保存在荷兰阿姆斯特丹国立美术馆里的鲁本斯的作品，怎么又从波多黎各冒出来了呢……

我真是很好奇他到底从哪里知道这么多。我之所以喜欢朴富成，并不是因为他如此头脑敏锐、博学多识，而是就像上面引用的文字所体现的，他是一个想法正确、处事恰当且正直的人，这也就是他真正的魅力所在。通过这本书，大家也可以感觉到他的这种“正确想法”。让我们一起来看看他对爱因斯坦的谜题“谁在养金鱼”的解释：

解出一道题的同时也展示出一种奇妙的方法。把画过的纸翻过来数对应的图形或者卷到圆筒上画线，这些都可以称为颠覆传统观念的、具有创意的解答。

为了回答一些奇怪的问题而编造出无厘头的答案，这怎么能和创意扯上关系呢？一看到是爱因斯坦出的题就认为必定是一个高深的问题，这种想法不也是一种思维定式吗？

如今的社会轻视原则和尝试，盛行投机取巧。把常识混同于固定观念，把非常识的事情理解成有创意的东西，想到这些，不禁让人心中倍感惆怅。

这本书能同时给我们带来欢喜和痛苦两种感觉。一道接一道地解答这些题甚至会让人感到头疼。但是在这纷繁复杂的过程中一点一点地理出头绪，最后在迎来胜利曙光的一刹那感受到的喜悦是世上任何东西都无法替代的。我建议读者不要一口气看完此书，而是以一种轻松的心情，每天只考虑两三道问题，这样比较合适。每天看一点，一个多月下来就能读完这本宝贵的书，每周只抽两天来看，也是一个不错的方法。让我们沉浸在这些奇妙的谜题带给我们的愉悦中吧！

最重要的是，在阅读朴富成“正确且正直”的解答中体会他的“正确想法”。

韩国高等科学院（KIAS）数学部教授 姜硕真

首先，非常感谢姜硕真老师为我这个普普通通的学生写了一篇如此夸赞我的评语，我真的感到很不好意思。

这本书是继《趣味英才数学题(1)》之后的我的第二本书。第一本书在出版的时候存在一些不足之处。这次出版第二本，为了让所有读者都不会感到有任何遗憾，我尽量有体系地进行构想和执笔。

这是一本解决和数学有关的谜题的书。一提到数学，很多人都会认为它非常难，其实通过这些谜题，我们不仅能接触到十分有趣的数学，而且还能体验到分析问题就是学习“数学”这门逻辑性很强的学科的一个好方法。连意思都不懂就把数字套入死记硬背的公式中运算，这对数学这门学问来说，是多么可怕的事情啊！数学并不是简单的加加减减的学科，它的真正本质在于“逻辑性的思考”，而这也正是数学之所以重要的原因所在。

数学谜题是从单纯的运算中解脱出来，通过分析和推理的过程习得数学的本质，即逻辑性思考的能力并加以整理解答的一些思考题。解答这些思考题的同时又能体会到数学的真正魅力，这不是一件很有成就感的事情吗？

本书共有100道题，书后附有每道题的答案和其中47道题的详细解说。与第一本书按照主题分类不同，这本书是按照由易到难编写而成的，每一章节处都有一个代表本章节题目难易度的星号，从只有一颗星到标有五颗星，题目的难度在逐渐增大。不过本书题目的“难易”源于我个人的主观判断，也许有人会觉得部分问题或难或易，不太符合所提示的难度。大家可以这样来看：即使有的题目属于标有很多星的章节，而答案本身也并不是很难，那是因为答案背后运用了大量的数学知识。

写这本书的时候，我得到了很多人的帮助。在这里，我首先要感谢我的父母、岳父母；还有为我提供了精彩题目和解答的各位朋友；给我提出意见和建议的朋友；为我指出错误的各位朋友，等等。没有他们，就不会有这本书的出版。本来应该对每件事都一一地表示感谢，但是要说的话实在太多，如果逐个记录，恐怕没有足够的篇幅，所以请原谅我在这里用这篇短小的文字来表达对他们的感谢。

第一本书出版之后，我迎来了人生中最重要的大事——结婚 。第一本书出版之际恰逢我们结婚前夕，没能通过书面文字表达对妻子的感谢，这次如果再不做任何表示的话，恐怕要受批评啦。

“我爱你，允晶。我把这本书献给无论何时都在我身边支持我、鼓励我的妻子。”

朴富成

难度☆

难度☆☆

难度☆☆☆

难度☆☆☆☆

难度☆☆☆☆☆

解答篇

问题篇

难度

1. 换了标签的水果箱子

苹果、橘子以及苹果和橘子混在一起的三箱水果上面都贴有标签，由于失误，这三个箱子上的标签和里面的水果不一致了。现在要求只取出一个水果就推测出这三个箱子里面分别装的是什么，应该选择哪一个箱子呢?

2. 三只灯泡

一楼有三个开关，二楼有三只灯泡。

现在想只去一趟二楼就知道哪个开关对应哪只灯泡，应该怎么办呢?

当然，在一楼看不到二楼的灯泡。

3．三张牌

从一副扑克牌中抽出三张牌随便放到地板上。

某个 King 右边有一张或两张 Queen，某个 Queen 左边有一张或两张 Queen。

某个红桃（♡）左边有一张或两张黑桃（♠），某个♠右边有一张或两张♠。

问抽出来的这三张牌分别是什么？（不考虑放牌的顺序）

※ 本题是建筑家 Gerald L. Kaufman 的作品。

4．程序员的衬衫

有一个非常爱干净的程序员，他的衬衫一天一换，每天上班穿的都是最干净的衬衫。（假设他天天上班。）

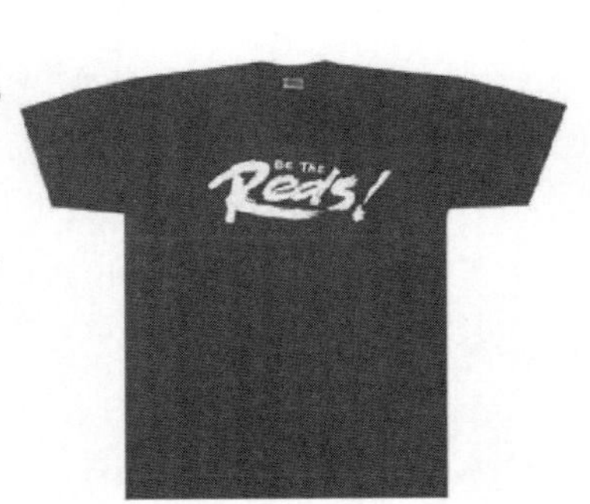

他每周一在下班的路上路过干洗店时，就顺便把上周一上班路上送来洗的衬衫取走了，那么这个人最少有几件衬衫呢？

※ 摘自 A.Dunn 编写的《棘手的数学问题第二册》（*Second Book of Mathematical Bafflers*）（Dover, 1983）中的第 84 个问题。稍作改动。

5．过河（1）

一个农夫带着狐狸、大白鹅和麦子回家，途中遇到了一条河。

虽然河上有一艘船，但这艘船太小了，一次只能运送一样东西。

这可真是愁煞了农夫，因为运送麦子时，狐狸便会吃掉大白鹅；而运送狐狸时，大白鹅又会吃掉麦子。

要想狐狸、大白鹅和麦子都完好无损，应该怎么运送呢?

6．计算24

怎样使下面四个数字之间只运用四则运算和括号就得到 24？顺序可以随意改动。

(1)3 3 7 7

(2)4 4 10 10

(3)3 3 8 8

难度

☆☆

7. 100的分割

使自然数之和达到 100 的方法有很多，请问在这些方法中，和为 100 的自然数的积的最大值是多少?

$100 = 50 + 50 \rightarrow 50 \times 50 = 2500$

$100 = 2 + \cdots + 2 \rightarrow 2^{50}$

$100 = 10 + 20 + 30 + 40 \rightarrow 10 \times 20 \times 30 \times 40 = 240000$

8. 两个角的大小

$\angle\alpha$ 和 $\angle\beta$ 的和是多少?（不要用高等数学知识来解）

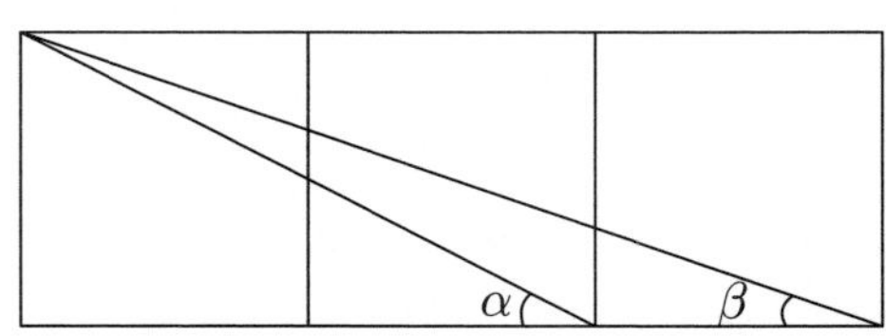

9. 多少度？（1）

AB、BC 和 CD 长度相等，∠B 为直角，∠C 是 30°，那么图中所示的∠ADC 是多少度?

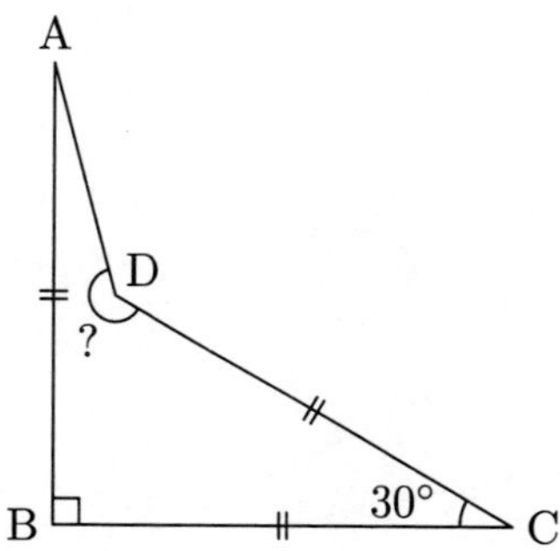

10. 折纸

一张面积为 60 平方厘米的长方形纸片，如图进行折叠，得到的这个较长的四边形的面积是多少?

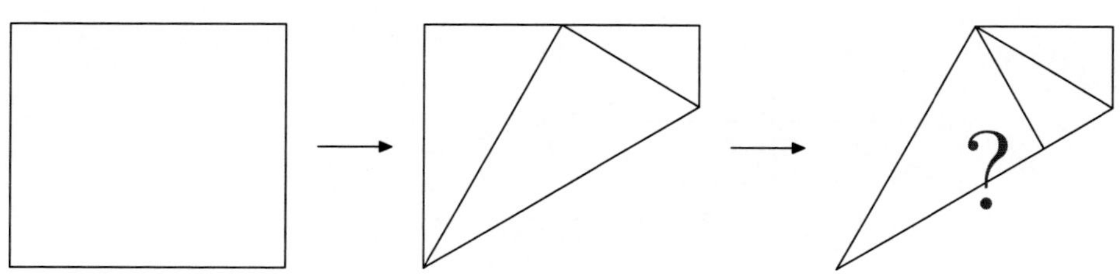

11. 数了又数

△ABC 中，AB 上的三个四等分点分别和点 C 相连，AC 上的三个四等分点分别和点 B 相连，那么请问图中一共有多少个三角形?

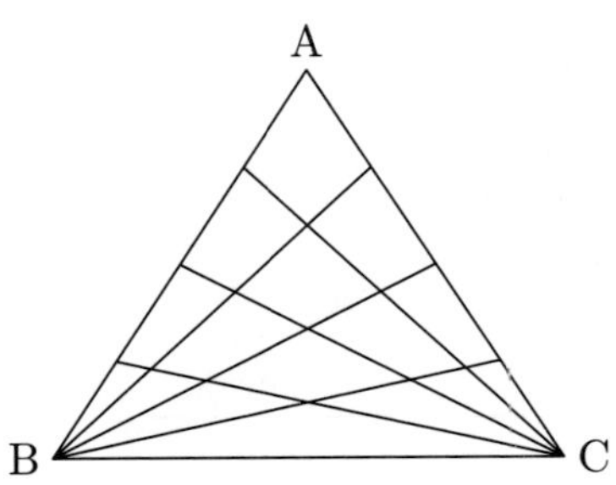

12. 两面镜子

两面镜子呈 15° 角放置，一束激光与其中一面镜子平行射向另一面镜子(光在与两个镜子垂直的平面上运动)，此时这束激光将会碰到镜子几次?

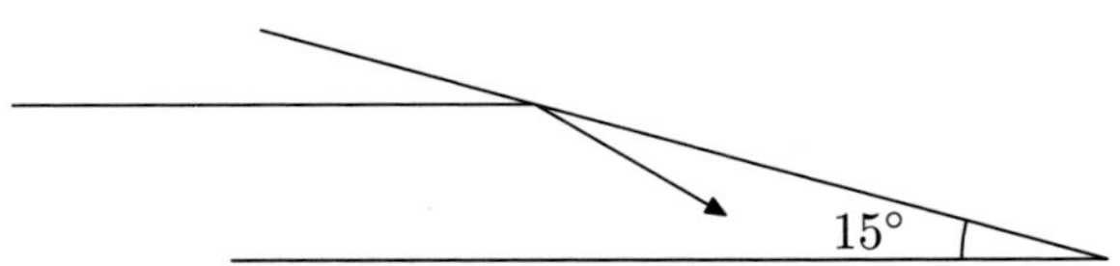

13. 9个数字

请问如下字母各代表1，2，3…9中的哪个数字时，AB×C=DE，DE+FG=HI才成立?

$$
\begin{array}{r}
A\ B \\
\times\quad C \\
\hline
D\ E \\
+\ F\ G \\
\hline
H\ I
\end{array}
$$

14. 下赌注

两个人各拿出500块钱下赌注。

同时公开两个人喊出的金额，喊价高的人将得到500块钱，同时他还要向对方，也就是输的人支付对方喊出的金额。如果两个人喊出同样的金额，那么两个人均得500块。

如果是你的话，你将会喊出多少金额呢?

下赌注以100为单位，每次加价100块。

15. 新进社员研修

有 20 名新进社员要进行研修。

需要将每三个人分成一组，鉴于人数不够，允许两组共用 1 名社员，并从三人中选取一人的姓名作为该组的组名。

在不存在重名的情况下，最多可以分成多少组呢?

16. 翻转硬币

问题一：

三枚硬币放到桌面上，根据正反面不同，一共可以有 8 种情况。首先，把三枚硬币全部正面朝上摆放。你可以每次翻转一下，使剩下 7 种情况一一出现，最后三枚硬币全部反面朝上吗?

问题二：

四枚硬币放到桌面上，根据正反面不同，一共可以有 16 种情况。首先，把四枚硬币全部正面朝上摆放。你可以每次翻转一下，使剩下 15 种情况一一出现，最后四枚硬币全部反面朝上吗?

17 只骆驼

不知道大家有没有听过下面这个故事：

一位阿拉伯老人为三个儿子留下一份遗嘱：家里一共有 17 只骆驼，大儿子分得 $\frac{1}{2}$，二儿子分得$\frac{1}{3}$，三儿子分得$\frac{1}{9}$。但是 17 不能被 2，3 和 9 整除，无法分配到$\frac{1}{2}$，$\frac{1}{3}$和$\frac{1}{9}$。那么这三个儿子该如何分配这 17 只骆驼呢？

这是一个在阿拉伯流传很久的问题，同样，它的答案也被广为知晓，就是再借来 1 只骆驼，凑成 18 只，然后三兄弟再按照父亲的遗嘱分配遗产，分好之后，再将剩下的那 1 只归还其主。一般故事改写如下：

正在三兄弟为如何分配这 17 只骆驼头疼的时候，来了一位智者，听完三兄弟的述说，智者决定借给他们 1 只骆驼，帮助他们分配遗产。于是，大儿子就能得到 $18\times\frac{1}{2}=9$ 只，二儿子能得到 $18\times\frac{1}{3}=6$ 只，三儿子得到 $18\times\frac{1}{9}=2$ 只骆驼。去掉兄弟们获得的 $9+6+2=17$ 只骆驼，还剩下 1 只，再把剩下的这只骆驼还给智者。智者带上这只骆驼继续自己的旅程。

这真是一种很有启发性的解答。但是从数学的角度，或者说是从数学教育的角度来说，这并不是一个正确答案。从数学的角度来说，这 17 只骆驼按照遗嘱的要求进行分配是做不到的，借 1 只骆驼凑成 18 只再进行分配也没有完全遵照遗嘱。

能想出“借来 1 只骆驼”这种有新意的想法，也是解答谜题的一种乐趣。最容易想到的办法之一是三个儿子要分得的骆驼分别是全体的$\frac{1}{2}$，$\frac{1}{3}$和$\frac{1}{9}$，那么用 17 分别乘以$\frac{1}{2}$，$\frac{1}{3}$和$\frac{1}{9}$。这样的话，$\frac{17}{2}:\frac{17}{3}:\frac{17}{9}=9:6:2$。三兄弟就分别得到 9 只、6 只和 2 只。其实这和那位智者说的“借来 1 只骆驼”是同样的道理，没有必要一定要借来 1 只。

再增加一点难度，我们也可以用无限分割的知识来考虑这个问题。

按照遗嘱分配这 17 只骆驼，各自会得到 $17\times\frac{1}{2}$，$17\times\frac{1}{3}$和 $17\times\frac{1}{9}$只骆驼。那么就会剩下 $17-17\times(\frac{1}{2}+\frac{1}{3}+\frac{1}{9})=\frac{17}{18}$只骆驼。在这种情况下，是不是就不应该用“只”而用“肉块”来形容更好呢？不管怎样，把剩下的$\frac{17}{18}$再进行分配，兄弟三人又会得到$\frac{17}{18}\times\frac{1}{2}$，$\frac{17}{18}\times\frac{1}{3}$，$\frac{17}{18}\times\frac{1}{9}$只骆驼，这次又会剩下 $\frac{17}{18}\times\frac{1}{18}$只。

如此反复，三兄弟分得的骆驼的量如下所示：

大儿子：$17\times\frac{1}{2}+\frac{17}{18}\times\frac{1}{2}+\frac{17}{18^2}\times\frac{1}{2}+\cdots=\frac{17\times\frac{1}{2}}{1-\frac{1}{18}}=\frac{1}{2}\times18=9$（只）

二儿子：$17\times\frac{1}{3}+\frac{17}{18}\times\frac{1}{3}+\frac{17}{18^2}\times\frac{1}{3}+\cdots=\frac{17\times\frac{1}{3}}{1-\frac{1}{18}}=\frac{1}{3}\times18=6$（只）

三儿子：$17\times\frac{1}{9}+\frac{17}{18}\times\frac{1}{9}+\frac{17}{18^2}\times\frac{1}{9}+\cdots=\frac{17\times\frac{1}{9}}{1-\frac{1}{18}}=\frac{1}{9}\times18=2$（只）

这样解出的答案也和智者的一样。

可能是父亲担心三兄弟分到遗产后开始各自生活，兄弟情义变淡，于是希望他们无论何时都手足情深地生活在一起，就故意留下了这样一份让人无法解决的遗嘱。如果真是这样的话，那么无论是那位智者的分配方法还是引用无限等比数列的解答方法，都是一种愚蠢的方法。

难度

☆☆☆

17. 秤的两端

重量分别为 1，2，3 的秤砣如下图所示悬挂的话，秤的两端就可以保持平衡。重量为 1 的秤砣到支点的距离为重量为 2 的秤砣到支点的距离的 2 倍时，秤的两端保持平衡。重量为 1 和 2 的总秤砣到支点的距离同重量为 3 的秤砣到支点的距离相同时，秤的两端保持平衡。

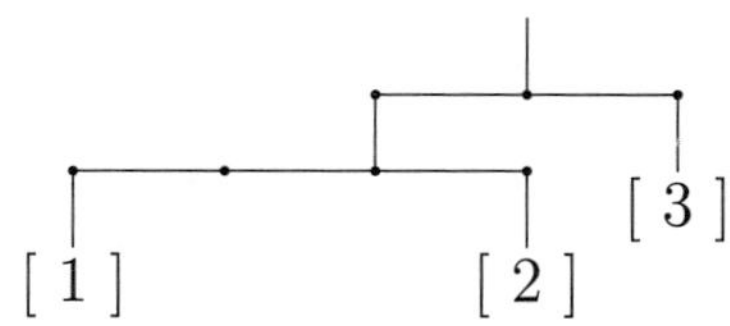

在下面的空格里填上 1 至 5 数字中的一个，以保证秤的两端保持平衡。

问题一：

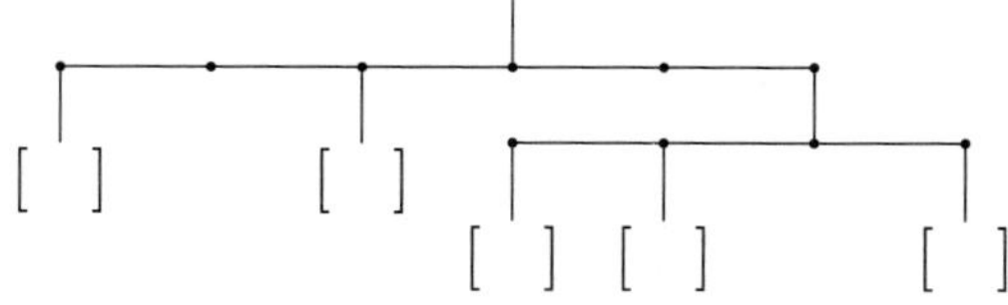

问题二：

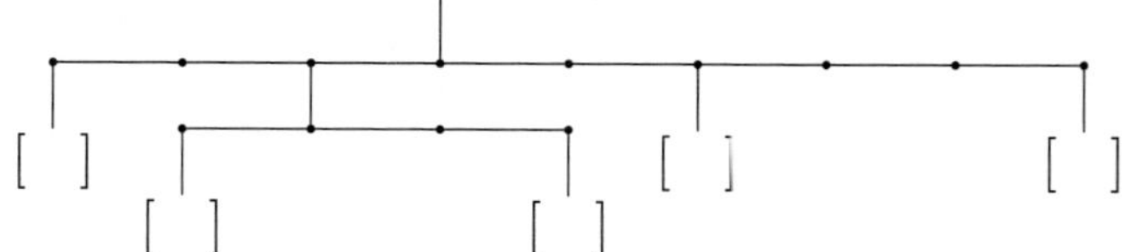

※ 本题是 Erich Friedman 的作品。

18. $\sqrt{2}$的连乘

请计算下列这个指数无限重复的式子的值。

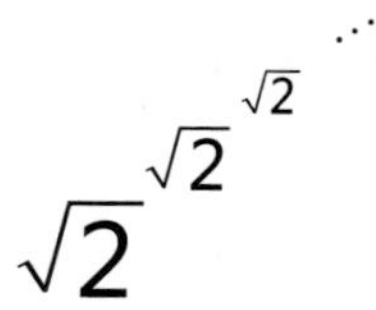

$$\sqrt{2}^{\sqrt{2}^{\sqrt{2}^{\cdots}}}$$

19. 几比几？

E 是线段 AB 的三等分点，D 是线段 BC 的四等分点。AD 和 CE 相交于 F，请问 CF 和 EF 的长度之比是多少?

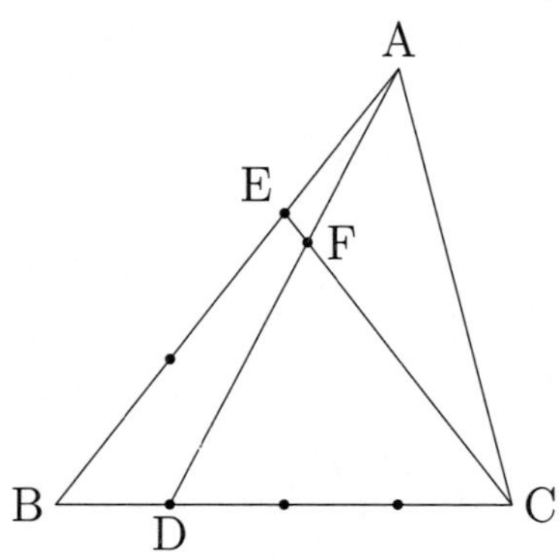

20. 梯形的面积

这个问题其实很简单。

学过中学数学的人一定都会解这道题目，但是现在要求大家用小学知识来解答这道题。

在四边形 ABCD 中，∠A 和∠B 都是 30°，AD = DC = CB。那么当 AB = 2 时，这个四边形的面积是多少呢?

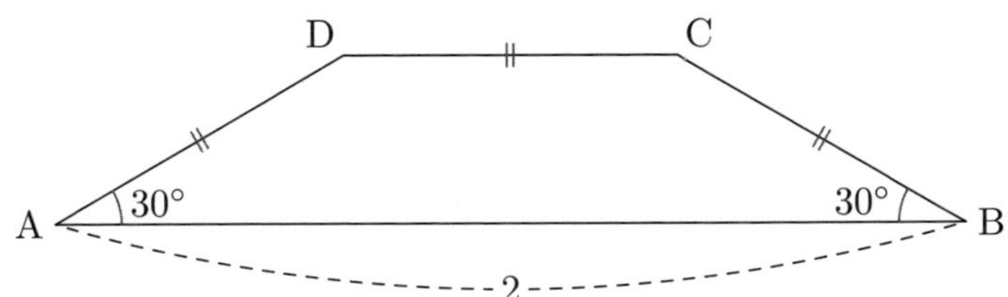

21. 至少两点

在平面上点有限的几个点，使连接任意两点的线段的垂直平分线都至少经过两个点，能做到吗?

22. 凸多边形

把若干个形状和大小完全相同的正三角形放在一起，当它们的边重合时，可以组成凸多边形。

虽然可以组成的凸多边形有很多，但是从边数来看，平行四边形和梯形的边都是四条。

那么这样组成的凸多边形的边数一共有多少种?

23. 正三角形和正方形

边长均为 1 的正三角形和正方形相连接组成的众多凸多边形中，每条边都为 1 的图形有哪几种?

※ 本题是 David Eppstein 的作品。

24. 画多边形

全等的线段如下放置。

先画一条线段，再画一条线段与这条线段之间呈 $\frac{180°}{5}$ 角。第三次画的线段又与第二次画的线段之间呈 $\frac{180°}{5}$ 角。如此反复，到画下第五条线段的时候就能与第一次画的线段重叠。(设想一下画五角星的方法)

此时，在图形的最里面就形成了一个正五边形。

如果不是 $\frac{180°}{5}$，而是 $\frac{180°}{n}$ 的话，那么最里面的图形会是几边形呢?

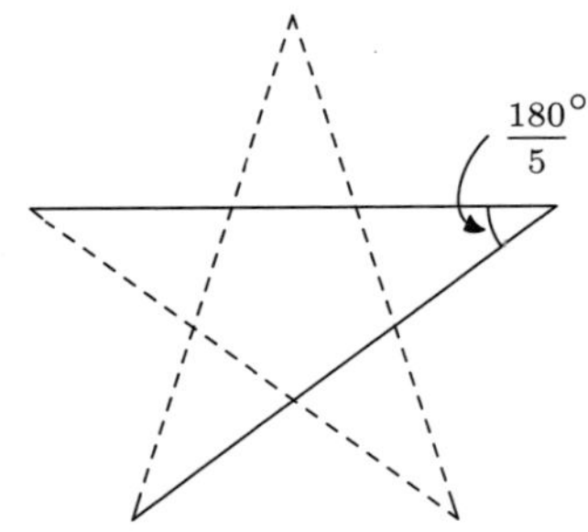

25. 画廊的警卫员

在一个新开业的画廊中设有 20 面墙，每相邻的两面墙之间均呈 90° 角。

进行了合理设置后，这些画无论何时都处于警卫员的监视之中。

那么至少需要几名警卫员，才能做到无论画廊的结构有多复杂，他们都能很好地看管这些画?

26. 等腰直角三角形

试着把一个正方形分解成不同的等腰直角三角形。

要求用两种方法。

27. 狮身人面像图案

这幅图的形状酷似狮身人面像。现在要把它四等分，且分割好的图形和原有图形形状相同。

如果你做到了，那么再把它九等分。

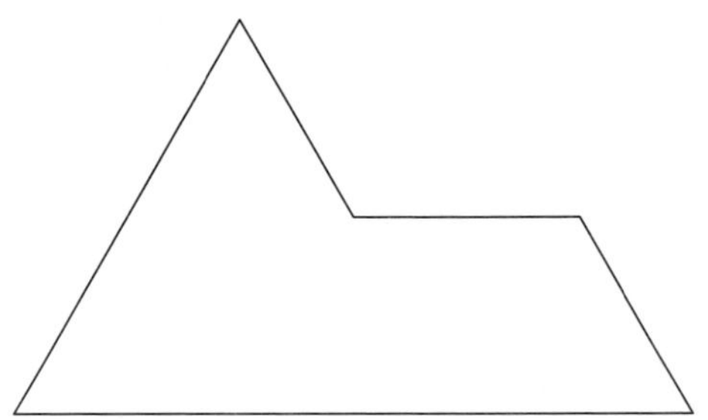

28. 国际象棋棋盘

把国际象棋棋盘分割成不同的几块，如果想使其中任意两块都不同，最多可以分成几块?

任意两块都不同的意思是指形状和颜色都不同。

※ 问题出自怀特(Alan C.White)的《萨姆·劳埃德和他的国际象棋问题》(*Sam Loyd and His Chess Problems*)第 52 页。

29. 组成正方形

长为 16 米、宽为 9 米的长方形如下图所示，被一条三层阶梯图案的线分割后组成了一个正方形。

这次想把一个长为 25 米、宽为 16 米的长方形用同样的方法分割后组成正方形，那么应该用几层阶梯图案呢?

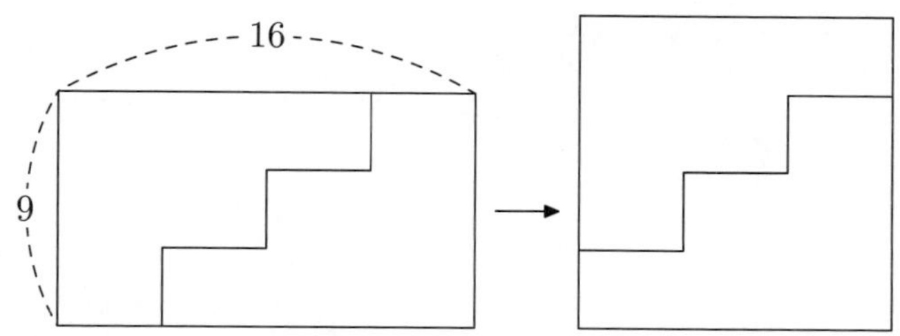

30. 球的切线

有一个球的球心是坐标原点，半径是 1。现从点(1，1，1)处向球做切线，这些切线的切点会形成一个圆。求这个圆的圆心和半径。(限时 2 分钟，心算完成。)

31. 展开图

下图是一个由 8 个正三角形和 6 个正方形组成的立体图形。现在想剪开这个立体图形的棱，使它成为展开的平面图，最少应该剪开几处?

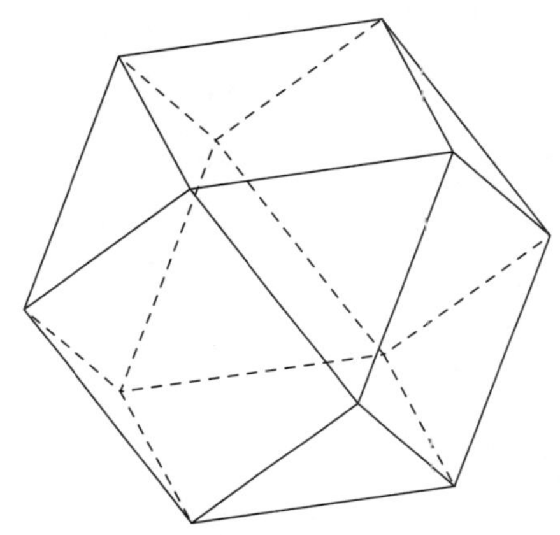

一种源于爱因斯坦的遗憾

因发现相对论而使物理学翻开新篇章的爱因斯坦是人们心目中天才的代表。也正是由于这一点，市面上充斥着各种各样由他提出或是解答的题目。其中一个代表性题目就是爱因斯坦出的那道“谁在养金鱼”的谜题。传说世界上只有2%的人才能解出的题目正是这一道。

我在《趣味英才数学题(1)》中也曾经提及，这是一道和爱因斯坦没有任何关系的谜题，只不过是为了吸引人们的眼球,故意借用爱因斯坦的名字虚张声势罢了。可是只要出现“爱因斯坦”这个名字，人们通常会把是否符合事实放到一边，就认为这是一个异常深奥的问题，并伴随着出现各种稀奇古怪的解答。

以“左边那家”的解答为例，出现了三种不同的答案：从“这就是爱因斯坦说的，世界上只有2%的人能解出的题”到“爱因斯坦原本就知道金鱼不能满足条件，根本无法得出答案”，甚至还有一种说法是，原来这道题还有一个要求用心算的条件，其实爱因斯坦说的是“世界上只有2%的人用心算就能解出这道题”。

借爱因斯坦之名蒙蔽他人的题目可不止这一道。

这些题目中有画四条直线把一个圆分成12份，还有最近网上很流行的一道题：在“W”上画两条直线分割出6个三角形。

原来这个问题是在“W”上画三条直线分割出9个三角形。可是不知道从什么时候起，就变成了两条直线分割出6个三角形了。其实，不管怎么多也多不过5个。

这类问题通常还会带有“爱因斯坦5分钟就能答出的问题”“××大学的学生也解不出来的题目”“科学院悬赏××元的问题”等一些荒唐无稽的附带夸张性陈述，甚至还有“解出这道题就能获得诺贝尔奖”，简直是荒唐之至。

更让人感到可悲的是，无论这些问题多么荒诞，仍有很多人在这上面纠

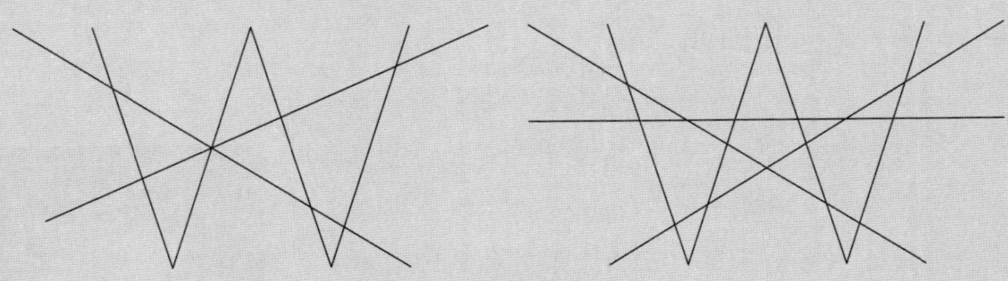

缠不清，浪费大量时间，真不知道这些人是怎么想的。如果让他们在 W 上画两条直线分割出 100 个三角形，估计他们也会在所不辞。

解出一道题的同时也展示出来一种奇妙的方法。把画过的纸翻过来数对应的图形或者卷到圆筒上画线，这些都可以称为颠覆传统观念的、具有创意的解答。

为了回答一些奇怪的问题而编造出无厘头的答案，这怎么能和创意扯上关系呢？一看到是爱因斯坦出的题就认为必定是一个高深的问题，这种想法不也是一种思维定式吗？

如今的社会轻视原则和尝试，盛行投机取巧。把常识混同于固定观念，把非常识的事情理解成有创意的东西，想到这些，不禁让人心中倍感惆怅。

32. 6 + 6 + 6 = 9 + 9

在下面的等式中，相同的字母表示相同的数字，不同的字母表示的数字也不同，而且第一位数字不为 0。

请问每个字母表示什么数字时这个等式才成立?

SIX + SIX + SIX = NINE + NINE

这种类型的问题叫做覆面算。像这道题所展现出来的，不仅数学等式成立，连等式的字面意思都成立的覆面算叫做“二重正确覆面算”。

33. 六个G

$$
\begin{array}{r}
A\ B\ C\ D\ E \\
\times \qquad\quad F \\
\hline
G\ G\ G\ G\ G\ G
\end{array}
$$

※ 本题目引用自萨默斯(G. J. Summers)的《数学推论的新谜题》(*New Puzzles in Logical Deduction*)(Dover，1968)。

34. 文字覆面算

下面是两个很少见的覆面算。

这是一个字母表示一个数字的覆面算。54 + 56 + 405 = 515 从字面上看也是成立的。注：此题中的数字按照韩语的读法来计算，具体读法如下：

	五	十	四
	五	十	六
+	四	百	五
五	百	十	五

再来一个怎么样？这次是 113 + 202 + 205 = 520。

	百	十	三
	二	百	二
+	二	百	五
五	百	二	十

※ 这两道题都是权泽焕的作品（稍有改动）。

35. 趣味覆面算

这是一个很有意思的覆面算，仍然是一个字对应一个数字。302 × 4 = 1208。注：此题中的数字按照韩语的读法来计算，具体读法如下：

		三	百	二
×				四
	千	二	百	八

权泽焕先生还寄来了下面这道题。5103 + 1902 + 1202 + 902 = 9109。

	五	千	百	三
	千	九	百	二
	千	二	百	二
+		九	百	二
	九	千	百	九

36. 口头测验

A、B、C 三人参加几个科目的口头测验。

让人感到意外的是，所有的科目中，第一个进考场的人得了 x 分，第二个进考场的人得了 y 分，第三个进考场的人得了 z 分。x，y，z 都是正整数，且 x > y > z。

结果是 A 得了 20 分，B 得了 10 分，C 得了 9 分，并且 A 在第一门考试中得了第二名，也就是说，A 在第一门考试中是第二个进考场的。

那么，在最后一门考试中，谁得了第二名呢?

37. 最佳击球手

某棒球选手在击球区打出安打之后跑开，计算了一下安打率之后，确定比上一个击打区的准确率高出一个百分点。

那么，到现在为止，棒球选手一共打了几个安打?

※ 本题出自《自行车要去哪条路?》(*Which Way Did the Bicycle Go?*)。

38. 三所学校的田径比赛

A、B、C 三所高中进行田径比赛。

B 校学生小明为了给参加铅球比赛的男友加油，一整天都坐在观众席上。

回家后爸爸问她学校发生的事情。

“我们学校铅球赢了，可是今天的第一名是 A 校，他们得了 22 分，我们和 C 校都是 9 分。”

“每个项目都得了多少分？”

“具体记不住了，但是第一名的得分最多，第三名的得分最少。每个项目都是一样的分数（所得分数都是自然数）。”

“一共有几个项目的比赛啊？”

“不知道，我只关注了铅球。”

“有跳高吗？”

问了哥哥之后，小明点了点头。

“谁赢了？”

小明说不知道。

不管你信不信，通过前面的这些信息，我们就可以推算出答案。

请问哪所学校是跳高项目的优胜者？

39. 无法支付

某个国家只流通面值为 5 元和 7 元的两种货币。

如果支付 100 块的话，就要用到 20 张 5 元的货币；如果支付 101 块的话，就要用到 16 张 5 元和 3 张 7 元的货币，但不是所有的金额都能只用这两种面值的货币来支付。

请问用这两种面值的货币不能支付的最大金额是多少?

40. 苹果的个数

A、B、C、D 四个人分吃 11 个苹果。每个人都知道至少能吃到一个苹果的事实，但是都互相不知道别人吃到了几个苹果。

A：B，你比我吃得多吧?

B：不知道哎，C，你比我吃得多吧?

C：不知道。

听了以上对话，D 马上就知道了每个人各吃了几个苹果。

请问 D 吃了几个苹果?

41. 糖果的块数

给 A、B、C 三个人分吃几块糖果。

每个人得到的糖果数的倒数加起来正好是 1。

问 A 知不知道各自的糖果块数，A 说不知道。又问他知不知道分糖的人一共有多少块糖，回答仍是不知道。

B 虽然不知道各自分得几块糖，但是他知道一共有几块糖。

最后轮到了 C。糖果的总块数和每人分得几块糖他都知道。

那么一共有多少块糖果?

42. 能全都移动吗？

把一个圆平均分成 6 个圆心角都是 60° 的扇形，然后在每个扇形格子里放一枚围棋子。我们的目标是要把所有的围棋子移动到一个格子里。

要求是每次必须移动 2 枚棋子，其中 1 枚按顺时针方向，另一枚按逆时针方向。而且每次只能走一步。

这可能吗?

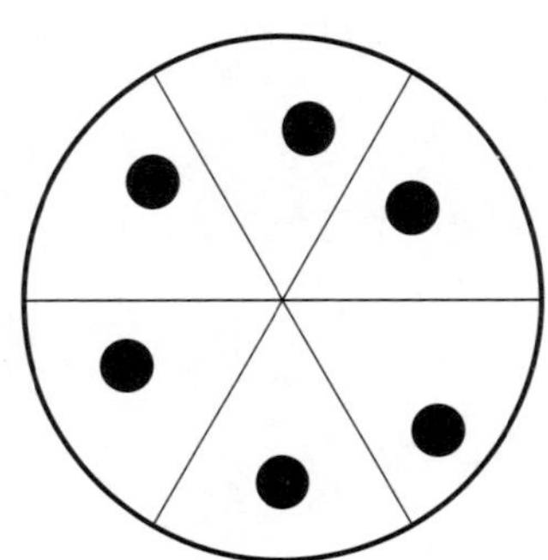

43. 口袋小球

台球上标有 1 到 15 这 15 个数字，标有从 1 到 10 的 10 个数字的球如图所示呈倒三角形放置。

那么各行相邻两个球上的数字之间的差如下所示：

⑩ - ⑥ = ④，⑩ - ① = ⑨，⑧ - ① = ⑦

⑨ - ④ = ⑤，⑨ - ⑦ = ②

⑤ - ② = ③

如果把 15 个球全用上，怎样做才能满足这样的条件？如果能做到，一共有几种答案？

还有，能摆到第 6 层（1 到 21）吗？

44. 异教徒之岛

有一个叫“异教徒之岛”的岛屿，沿着海岸线有A，B，…，Z共26个村落。

就像这座岛屿的名字一样，岛上26个村落的居民都是异教徒。每一个村落都会派去一名传教士让居民改变信仰。

传教士们根据自己第一次所到村庄的名字而被命名为A，B，…，Z(传教士们会去不同的村落)。

当他们结束这个地方的传教，就会以A→B→…→Z→A→…这种顺序到下一个村庄去。

如果那个地方的居民是异教徒，传教士就会让他们改变信仰，一旦居民们改变了信仰，就会觉得传教士欺骗了自己，之后就把传教士杀死，甚至连最先来到岛上转了一圈后又重新来到这里的传教士也不放过。然后，他们又重新变回了异教徒。

没有一个村落会同时来2名传教士，但是许多传教士会同时来这个岛上。

传教士全都来了又走之后，有几个村落改变了宗教信仰?

※本题出自罗斯·亨斯贝格(Ross Honsberger)的《更多的数学享受》(*More Mathematical Morsels*)。

45. 哪一个最不同？

下列五个图形中，哪一个和其他四个最不相同？

※ 本题是业余魔术师汤姆·兰森（Tom Ransom）的作品。

46. 换颜色

把 99 个珠子摆成一个圆形。

颜色是按照红、蓝、红、蓝……红、蓝、黄的顺序排列。

现在要换一个珠子的颜色，使相邻两个珠子的颜色都不同。

比如，如果把第一个红色珠子换成蓝色的话，那么它就和第二个珠子的颜色一样了；如果把它换成黄色的话，那么它就和最后一个黄色珠子的颜色相同了；如果不动第一个珠子，把第二个蓝色珠子换成黄色的话，就没有任何问题了。

用这种方式反复，红、蓝、红、蓝……红、黄、蓝，也就是说能改变蓝色和黄色的位置吗？

47. 四位老师

A、B、C、D 四所学校有金老师、李老师、朴老师和崔老师四位老师，他们分别教语文、英语、数学和音乐。

请通过下面的信息，判断出他们分别是哪所学校、教哪一科目的老师。

金老师和语文老师是夫妻。

A 学校老师和数学老师是通过李老师的介绍结婚的。

朴老师是 B 学校老师的妻子。

D 学校的老师不教英语。

李老师和崔老师同期入伍。

崔老师的妻子教音乐。

48. 10句话

下面 10 句话中有几句是真话?

1. 这些句子里只有一句是假话，剩下的都是真话。
2. 这些句子里只有两句是假话，剩下的都是真话。
3. 这些句子里只有三句是假话，剩下的都是真话。
4. 这些句子里只有四句是假话，剩下的都是真话。
5. 这些句子里只有五句是假话，剩下的都是真话。
6. 这些句子里只有六句是假话，剩下的都是真话。
7. 这些句子里只有七句是假话，剩下的都是真话。
8. 这些句子里只有八句是假话，剩下的都是真话。
9. 这些句子里只有九句是假话，剩下的都是真话。
10. 这 10 句话都是假话。

49. 8个乒乓球

8 个白色乒乓球等距离摆成一行，球上分别标有 1，2，…，8 数字中的一个。把其中几个涂成黑色，现在想让任何三个同种颜色球之间的距离都不一样。

如果 1 号被涂成黑色，那么绝对不能被涂成黑色的球是几号呢？比如下图中，2 号、5 号和 8 号之间的距离相同，所以就不满足问题的条件。

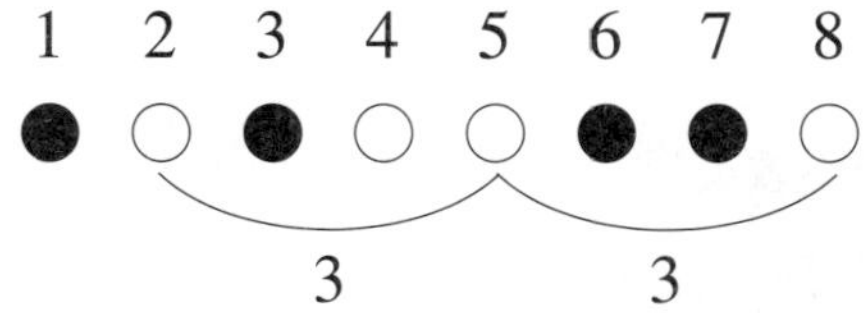

50. 开飞机绕世界一圈

某岛上空军基地的飞机加满了足量的油，这些油可以让飞机绕地球半圈。如果要加油，要么在空中加，要么飞回基地加。如果想绕地球一圈，最少要几架飞机？

当然可以忽略不计加油的时间，所有飞机最终要全部飞回基地。

51. 坐卡车穿越沙漠

有一块宽 800km 的沙漠，它的一侧有无限量的油，可是内部一滴油都没有。

一辆卡车的最大储油量可以让它行驶 500km（我们把这个量称为“一桶”），沿着卡车的路线可以设置加油设施。

现在我们假设这个设施可以无限大，而且油也不会因挥发而减少。

如果想只用一辆卡车穿越这个沙漠，最少需要几桶油？

路易斯·卡罗尔的字母阶梯

《爱丽丝梦游仙境》的作者路易斯·卡罗尔(Lewis Carroll，1832~1898)利用英文单词创作了许多像接词这样的数学谜题，这其中也包括一种叫做字母阶梯的游戏。

下面是从 HEAD 转化成 TAIL 的过程，所谓字母阶梯游戏，就是把每个单词换一个字母，通过一步步的转换，最终得到想要的那个单词。

H E A D
h e a l
t e a l
h e l l
t a l l
T A I L

这种过程越短越容易，这个游戏放到英语课上来做也不错吧？

关于这种字母阶梯克努特(Donald E. Knuth)教授做过一个有趣的调查。下面是 KIDS bbs 上的 Cdpark 先生所写的。

作者：Cdpark

题目：字母阶梯

这个问题最先由路易斯·卡罗尔提出，用来借鉴的人很多。这其中有马丁·加德纳(Martin Gardner)，就连克努特也参与其中。克努特搜集了 5757 个由 5 个字母组成的单词，编出一个游戏。这些单词包括 aback、abate、abbey、abbot 等。

因一个字母不同的这些单词的 edge 相连接，就出现了 14135 个。假如是 ramdom 这一个单词(从 a 到 z 中，选出 5 个字母转换成 ramdom)，就可以分析出有 174.3 个 edge。并不是所有的单词都连接在一起的。

again，their，ahead，earth，human，young，fales，maybe，first，sigma等671个单词，即使换一个字母，也不会变成另一个单词。Radar既是首字母缩略词(acronym)又是回文(palindorme)，同时也是不被连接的单词。也有两个单词组成单词组的情况，比如alpha-aloha等103个单词组。

和其他单词关系最好的两个词是bares和cores，它们和25个不同的单词相连接。

被连接的两个单词距离最远的是amigo和signs，距离少说也有29步！给一个提示，中间一定会用到arise和begot这两个词。(如果想只用克努特的单词)

让我们再扩大一下范围，有的单词5个字母中甚至不能转换成相同的4个字母(即words和swords相邻)，jazzy和flyby就是这样的单词。

用这样的单词也可以编出各种游戏。

	w a t e r		p a r t s
	a l i v e		a l a r m
与	t i d e s	或	r a d i o 相同的四边形。
	e v e n t		t r i c k
	r e s t s		s m o k e

甚至可以做成5×5×5的魔方。

有的书还专门讲这个问题。不过，那可不是简单的谜语书，而是和译码有关的书，使用的语言居然是C语言。

最后，我把自己想出来的一个浪漫的字母阶梯呈现给大家。

爱 LOVE

生活 LIVE

被她吸引 DIVE

想一起吃饭 DINE

想把自己的全部 MINE 都献给她

连她微乎其微的东西 MITE 都视若珍宝

终于成为一双比翼鸟 MATE

某一个深 LATE 夜

炽热的目光互相缠绕 LASE

我要让深爱的她 LASS 知道

她是我生命中多么重要的存在 MASS

如果不见，我将会多么地想念 MISS

火热的吻 KISS

从 LOVE 到 KISS 最短的距离只有 5 步，从 LOVE 到 KISS 中间只用了 4 个单词。试着找一下吧。

难度

☆☆☆☆

52. 多少度？（2）

△ABC 的三个内角分别为 30°，60° 和 90°，延长 AB 和 AC 至 D 和 B，使 BD = BC = CE，再连接 DE。那么∠E的度数是多少？

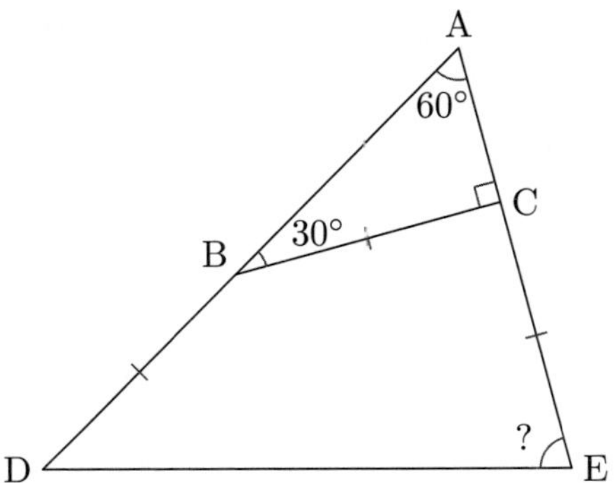

53. 正方形里的一点

正方形 ABCD 里有一点 P，分别连接 AP、BP 和 CP，这时，PA = 1，PB = 2，PC = 3。请问∠APB的度数是多少？

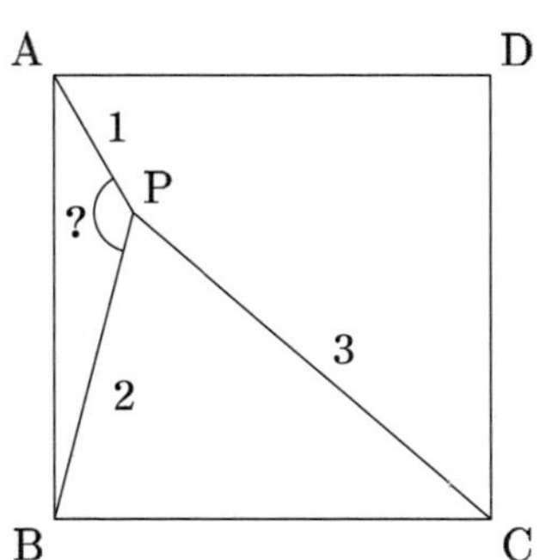

54. 狼！狼来了！

一块正方形的区域四周用墙围了起来。在这块地的某处有一匹狼，四角各有一只猎狗。一匹狼能咬死一只猎狗，然后翻墙逃生，但是一匹狼不能对付两只猎狗。如果想让这匹狼逃不出去，猎狗的速度应该比狼快几倍?

55. 姑娘和流氓

一位非常美丽的姑娘正在圆形的湖边行走。

突然，不知从哪儿来了一个流氓，惊慌失措的姑娘赶紧坐上船，来到了湖面上。可是流氓却想，不管等到什么时候，她肯定是要上岸的，于是他一直站在岸边。

不幸的是，这个流氓跑步的速度是姑娘划船速度的 4 倍。如果姑娘把船划向流氓对面的岸边的话，肯定会被他抓到。

万幸的是，在陆地上，姑娘比这个流氓跑得快。

如果不想被抓到，无论怎样，她都要先上岸才行。这位姑娘到底能不能成功逃脱呢?

56. 继承来的地

突然有一天，某个人从连名字都不熟悉的亲戚那里继承了一大片地。

这块地呈长方形，中间有一个湖。

围着这个湖修建一个小公园，边上用篱笆围成一个正三角形。

其实这块地不能全部被继承，去除本市作为公园用地征用的土地，剩下的土地才能被继承。

三角形的一个顶点和长方形的一个顶点重合，另两个顶点分别在与长方形此顶点不相邻的两条边上。

被三块私有土地围成的一个正三角形公园？

是的，了解后才知道，原来这三块地也不能全部被继承，三块当中最大的一块或是较小的两块还要被本市征用。

如果是你，你会选择最大的一块还是选择较小的两块？

计算机科学家艾兹格·迪科斯彻（Edsger Dijkstra）[①]把这个题目给自己的母亲看后，母亲做出了一个非常精彩的解答，本题因此而闻名。

80 多岁的年纪，令人震惊吧！

※ 本题由红斯伯格《数学宝石 3》的内容改编而来。

---

① 2002 年 8 月 6 日，和癌症病魔做了长期斗争的迪科斯彻与世长辞，享年 72 岁。

57. 五边形的面积

如右图，五边形 ABCDE 中，AE = DE = CD，AB = BC = 2，∠A = 105°，∠B = 60°，∠C = 135°，求这个五边形的面积。

请用小学知识解答！

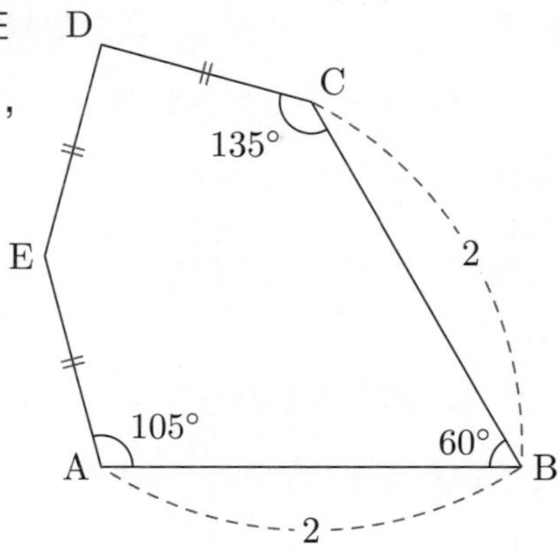

58. 三个圆

画三个大小不同的圆，每两个圆的公切线交于一点，那么这三个交点在同一条直线上吗？为什么？

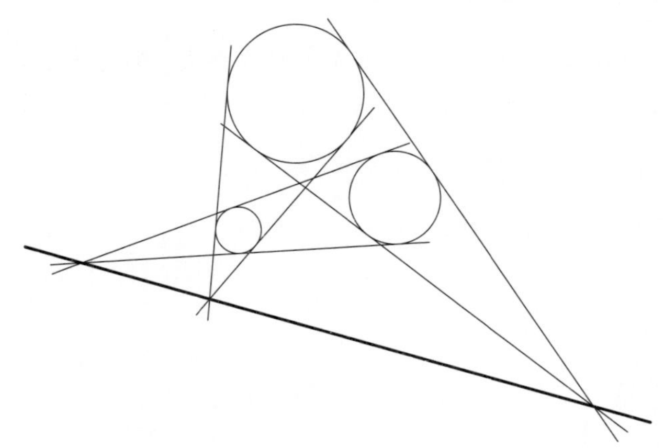

59. 搜集正多边形

问题一：在一个平面上，三个边长均为 1 的正多边形有一个公共顶点。

这三个正多边形的边数都不同，但共用相邻的两条边，而且中间没有缝隙或重叠的部分。

求有多少种这样的三个正多边形。

问题二：要不要挑战一下第二个问题?

我们弱化一下第一道题的条件，不一定是三个正多边形，也不用每个都不同。

那会是什么样的组合呢?

问题三：最后一个问题。

把一个平面用边长为 1 的正多边形完全覆盖。

我们来设想一下最简单的情况，可以只用正三角形覆盖吧? 也可以只用正方形覆盖。

这时我们只使用了一种正多边形。

用正六边形覆盖的话，把其中一个分割成六块，那么就是正三角形和正六边形两种正多边形覆盖平面。

那么最多能有多少种正多边形覆盖一个平面?

※ 本题是肯・杜森伯格(Ken Duisenberg)的作品。

60. 空三角形的重心

大家都知道三角形的重心是三条中线（顶点到对边中点的连线）的交点。

那么，只有三条边围成的空心三角形的重心在哪儿呢？

61. 即使五个都一致……

三角形的六要素是指三角形的三个角和三条边。

两个三角形的三条边都对应相等，那么这两个三角形就能全等，但是三个角都对应相等，这两个三角形就不一定能全等。也就是说，三角形的三要素一致时，它们不一定能全等。

不全等的两个三角形的四要素能一致吗？当然能，相似的两个三角形中，不对应的两条边的长度一致就可以了。

那么存在三角形的六要素中五个都一致，三角形却不全等的情况吗？

让人惊讶的是，存在！请思考并找出在这样的三角形中边长都是整数，周长最小的情况。

※ 这种三角形叫做“5-con 三角形”。

62. 将三个正方形变成一个正方形

试着把大小完全相同的三个正方形剪拼成一个大正方形。

剪切的块数尽量少一些。

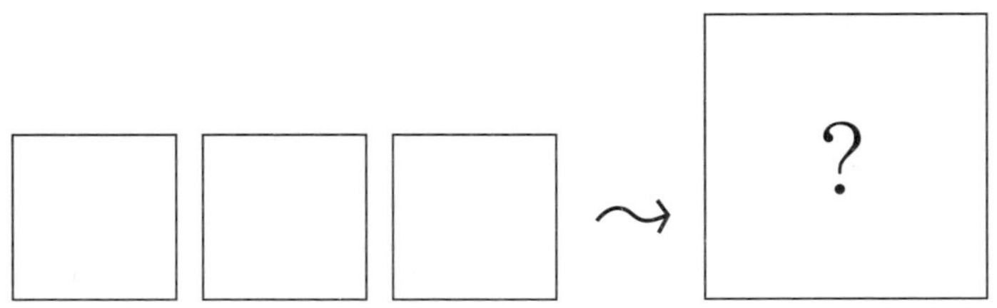

63. 分割正方体

把一个大正方形分割成若干个大小不同的小正方形非常困难，但众所周知，这是能做到的。

那么能把一个大正方体分割成几个有限的、大小都不同的小正方体吗?

64. 钝角三角形和锐角三角形

想把一个钝角三角形分成几个锐角三角形。

如果能做到的话，最少能分成几个?

如果不可能的话，又是为什么呢?

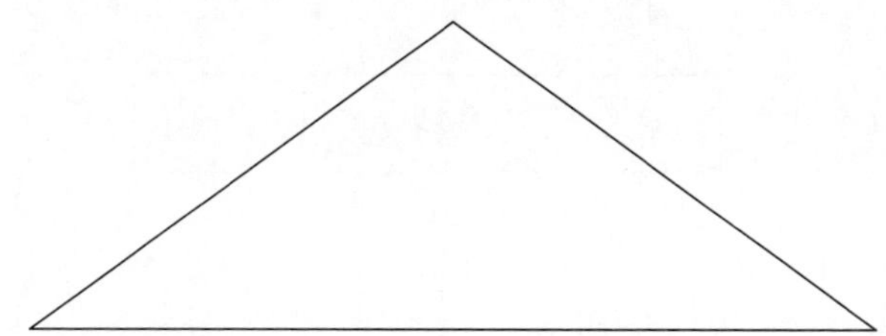

大桥上的杂技表演

这里说的杂技表演是指把好几个东西轮番扔出去、再接住，再扔出去、再接住如此循环往复的一种高超技能。下图中画的就是一只猫手里拿着几只小老鼠在做这种杂技表演。

和这项技艺相关的还有一道非常有名的思考题。

有一个盗贼偷了两块质量均为 5kg 的金块，当他准备从一座大桥上走过时，看到了桥的入口上赫然贴着这样的警告：

危险！ 70kg 以上禁止通行！

这个小偷的体重是 62kg，如果他带着这两块金块过桥，桥势必会垮塌。

难道就没有能够带着两块金块顺利过桥的方法吗?

虽然可以先用绳子把两块金块绑起来，然后小偷空手过桥，再把金块从桥的对面拉过来，但是这种方法明显不是这道题想要的答案。

一般关于这道题的正确答案都是过桥的同时，把这两块金块轮流上抛，但其实这是不可能的。

下面是 KIDS bbs 上 Parsec 先生的说明。

· 金块的质量：m

· 抛出后向上的速度：+v

· 下落时的最终速度：-v

· 向上抛的力：F

· 向上的加速度：a

· 重力加速度：-g

· 上抛的时间，即从 $-v_0$ 变为 $+v_0$ 的时间：t_1（大于 0）

· 金块在空中停留的时间，即从 $+v_0$ 变为 $-v_0$ 的时间：t_2（小于 0）

……

$$ma = F - mg$$

$$+v_0 - (-v_0) = at_1$$

$$-v_0 - (+v_0) = -gt_2$$

$$\therefore\ at_1 = gt_2$$

$$a = \frac{t_2}{t_1}g$$

$$\therefore\ F = m(a+g) = mg\left(1+\frac{t_2}{t_1}\right)$$

因为手里拿有一块金条的条件是 $t_2 > t_1$，所以 $F > 2mg$

当然，如果 t_2 比过桥时间长的话，那么抛接金块的同时就能过桥。可是这道题还有一种答案，那就是“小偷用绳子把金块绑起来，放到桥下的水里提着走”，因为物体放进水里后就会变轻一些。

这种方法可行吗？

根据“体积 = 质量 ÷ 密度”，因为金的密度是 19.32g/cm^3，而金块的质量为 10kg，即 10000g。那么金块的体积为 10000g ÷ 19.32g/cm^3 ≈ 517.6cm^3。

根据阿基米德原理，水中 10000g 金的质量减轻了 517.6g 左右，这个程度仍然不能顺利通过大桥。

结果是没有办法同时拿着两块金块过桥，虽然让人感到遗憾，也只能放弃其中一块了。

65. 垃圾邮件

被垃圾邮件塞满的收件箱，让人一看就感觉很烦吧？把下面这个覆面算解出来的话，是不是心情也会随之变好呢？

SPAM + SPAM + SPAM + SPAM + SPAM + SPAM = EMAIL

66. 5 + 7 + 11 + 12 + 15 + 20 = 70

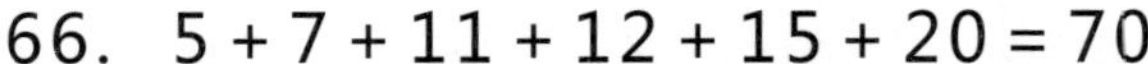

```
      F I V E
    S E V E N
  E L E V E N
  T W E L V E
F I F T E E N
+   T W E N T Y
S E V E N T Y
```

67. Erdos的覆面算

Erdos 有一句很有意思的话：数学家就是能把咖啡变成定理的人。

COFFEE + COFFEE + COFFEE = THEOREM

可能三杯咖啡真能变成一个定理。

Erdos 写了上千篇的论文，他到底喝了多少杯咖啡啊！

68. 画家的覆面算

一个绝妙的覆面算问题。

马奈(Manet)、马蒂斯(Matisse)、米罗(Miro)、莫奈(Monet)和雷诺阿(Renoir)都是画家。

```
      M A N E T
  M A T I S S E
        M I R O
      M O N E T
+   R E N O I R
---------------
  A R T I S T S
```

※ 本题是特鲁蒙·考林思(Truman Collins)的作品。

69. 拉格朗日的覆面算

法国数学家拉格朗日（Lagrange）于 1772 年证明了著名的“四个乘方数定理”，即任意一个自然数都是四个乘方数的和。它还可以这样表示：

NUMBER = SQUARE + SQUARE + SQUARE + SQUARE

有趣的是这个定理本身还是一个覆面算，大家试着解开它吧。

70. 墓志铭

日本著名的谜题专家于 1998 年为故去的朋友写了墓志铭。

一个字代表一个数字。同样，相同的字表示相同的数字，不同的字表示不同的数字。

竖式	读法
如实	如此
真如）生灭灭已	真实如此，我已死去，已死去
生已灭	生命已经结束
生空已	生如空
生空已	生如空
空	空

71. 摆骨牌

用骨牌摆成两个正方形，每个正方形上都标有数字。

骨牌上的两个数字都相同，用六个这样的骨牌 1，1；2，2；3，3；4，4；5，5；6，6 摆成 4×4 的正方形的边框。

这些骨牌怎样放才能使每个边上的数字之和都相同呢?

72. 最长的数列

请看下面这个数列：

100，55，45，10，35

从第三项开始，每一项都是前面两项中前一个数减去后一个数所得的差，此数列中可以出现 0，但不允许出现负数。由于 35 之后出现的是负数，所以数列被迫终止。

如果以 100，60 开始的话，

100，60，40，20，20，0，20

这个数列就会稍微变长一点。

那么 100 后面是什么数字时，这个数列最长呢?

73. 迈克·凯斯的8757193191

谜题专家迈克・凯斯(Mike Keith)认为，前面第 n 位数能被第 n 个质数整除的最大数是 8757193191。

也就是说，第一个质数 2 能被 8 整除，

第二个质数 3 能被 87 整除，

第三个质数 5 能被 875 整除，

……

第十个质数 29 能被 8757193191 整除。

问题一：迈克・凯斯的这个主张对吗?

问题二：把“前面第 n 位数”改成“后面第 n 位数”，最大数(若存在)是几?

74. 小智爸爸的硬币

小智的爸爸想喝咖啡，于是站在自动贩卖机前面翻口袋找硬币。他找出了三种硬币。众所周知，美国的硬币一共有如下六种：

1 分、5 分、10 分、25 分、50 分和 1 元(100 分)。

在排队等候买咖啡的时候，小智爸爸觉得无聊，就摆弄起这些硬币来。他把这三种硬币按数量顺序摆放，又把这些硬币按照金额顺序摆放。让人感到惊讶的是，这两种情况的比例是一样的。然而比这个金额小的话，就不能满足这个条件了。那么请问小智的爸爸一共有多少钱呢?

比如说：小智的爸爸有 2 个 1 分硬币，3 个 10 分硬币和 1 个 25 分硬币的话，个数比是 1(25 分)：2(1 分)：3(10 分)；金额比是 2×1 分：1×25 分：3×10 分 = 2 ：25 ：30。这两个比例不一样，所以不是正确答案。

75. 玻恩家的孩子们

宇宙车站的一夜[①]的问题中没有出现关于哥哥的问题，应大家的要求，现在出一个关于哥哥的问题。

话有些麻烦，请仔细认真地看。

玻恩家不分儿子女儿，生了好多孩子[②]。

有一天，当他们还想再要一个孩子的时候，他仔细地研究了一下孩子们的年龄，突然有了一个惊人的发现。

一个孩子的年龄，或者是两个孩子的年龄之和以自然数的形式出现时，它的计算方法是唯一的！

并且每家从最小的孩子年龄开始的连续自然数以这种方法出现时，其他任何一家使用的自然数都没有玻恩家的多，以相同个数出现的其他任何一家的孩子数都不比玻恩家的少。

于是，玻恩认为这是天意，就打消了再要孩子的念头。

他们家一共有几个孩子？这些孩子都几岁？当然，年龄都是整数。

还不明白问题？

假设玻恩家的孩子分别是3，4，5岁的话，3，4，5 = 2 + 3，7 = 3 + 4，8 = 3 + 5，9 = 4 + 5计算方法唯一。以这种方法从最小的孩子年龄开始出现的连续自然数只有3，4，5这三个。

①《趣味英才数学题⑴》中的第30题。
②事实上只有一个儿子，一定要健康成长哦！

76. 乒乓球比赛

A、B、C 三个人进行乒乓球比赛。

A、B 先开始，每局的败者等着下一局比赛，和胜者重新开始比赛。

问题一：比赛结束时，A 赢 10 局，B 赢 21 局的话，A 和 B 共同打了几局?

问题二：比赛结束时，A 赢 10 局，B 赢 15 局，C 赢 17 局的话，最后一局中输者是谁?

77. R2，W2，B2

有 2 个红色(Red)、2 个白色(White)、2 个蓝色(Blue)共 6 个珠子。颜色相同的一对珠子中一个较轻，一个较重。较轻的三个珠子的重量相同，较重的三个珠子的重量也相同。

换句话说，一个红珠子，一个白珠子，一个蓝珠子，这三个珠子的重量相同，剩下三个珠子的重量相同，只是比前三个稍微重了一些。

除了颜色不同，所有珠子的外表一模一样。如果只称两次，怎样才能分开轻重两种珠子?

※ 本题是业余魔术师保罗·嘉理(Paul Curry)的作品。

78. 三个重，三个轻

外表一样的六个珠子，三个重，三个轻。

三个轻珠子的重量相同，三个重珠子的重量也相同。

可以只称三次就知道这些珠子的重量吗?

※ 本题是牙科医生兼业余魔术师本·布罗德(Ben Braude)的作品。

79. 整理月刊

想整理几本月刊杂志。

不考虑杂志名称，把发行年份和月份均相同的杂志整理到一起，可以分成 4 组；不考虑发行年度，把杂志名称和月份均相同的杂志整理到一起，可以分成 5 组；不考虑发行月份，把杂志名称和发行年度均相同的杂志整理到一起，可以分成 6 组。

少一本杂志都达不到这种要求。

请问一共有几本月刊杂志?

当然，没有杂志名称，发行年度和发行月份都相同的杂志，分出的组的大小也不需要相同。

80. 过河（2）

三个传教士和三个食人族的人同在江的一侧。

一艘船一次只能载两个人过江，而且如果食人族比传教士多的话，传教士就会被抓住吃掉。

想把这三个传教士平安地送往对岸，应该怎么做呢?

杜德尼 VS 劳埃德

亨利·欧内斯特·杜德尼(Henry Ernest Dudeney，1857～1930)和萨姆·劳埃德(Sam Loyd，1841～1911)是生活在同一时代的两个顶尖级数学谜题专家。他们和马丁·加德纳(Martin Gardner，1914～2010)一起被尊称为三大出谜人。

下面是劳埃德出的一道谜题，这是一道把插画中间的图形剪切拼凑成一个正方形的问题。

聪明的埃莱克(Alec)无论什么时候都是一副无所不知的样子。每当聚会朋友们表演一个魔术或是出一个谜题时，其他人还没开始思考，他就把答案说出来了。大部分问题是他以前见过的，不过有一些即使没见过，也和他之前知道的问题差不多。他总是说："这是一个类型的，我出的题肯定比这个更难。"出题的人总是感到很难堪。

有一天，一个朋友给出了下面这道题。埃莱克一看到这道题，就装着很明白的样子，认为这道题和以前见过的分割成 4 个完全一样的图形(即剪切后出现完全相同的 4 个图形)的问题相似。

朋友在这个时候说："好了，各位，这道题可没有想象中那么简单，其实我忘记答案是什么了，但是我们可以请聪明的埃莱克来解答这个问题。"埃莱克此时却说不出答案，感觉非常丢脸。

劳埃德给出了剪切成如下 4 块图形的答案。

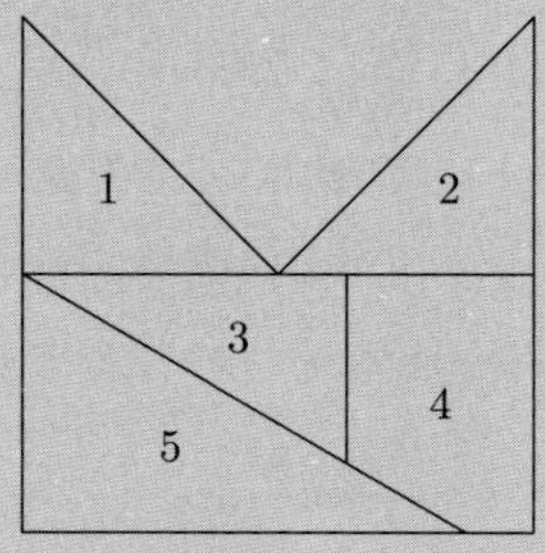

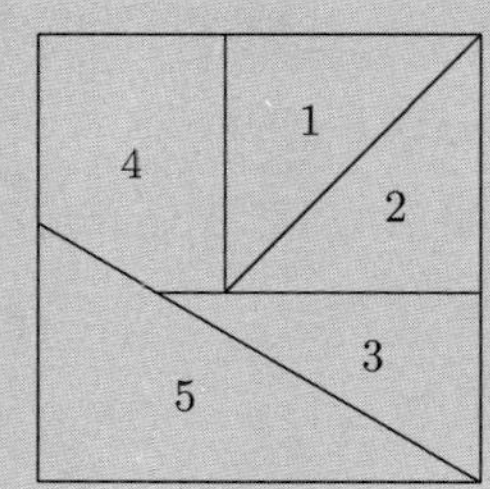

劳埃德给出的答案看起来不错，但事实上横竖比为 3：4 的长方形是不能被阶梯形分割后再组成正方形的。(上图其实含有一些小误差)。

杜德尼在自己的书中指出了这一点并给出了如下这个答案，他把这个图形分割成 5 块。

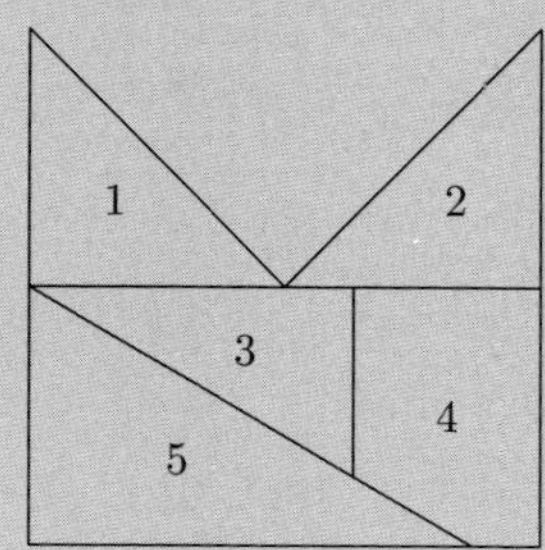

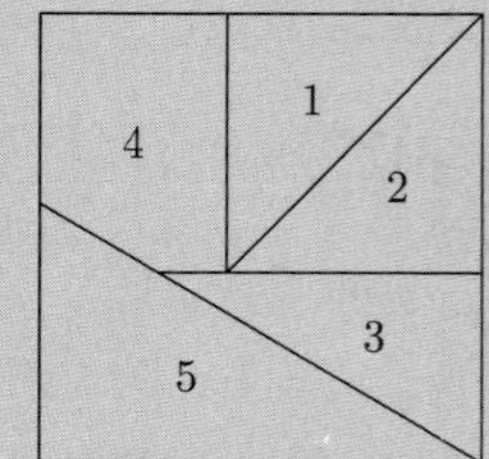

难度

☆☆☆☆☆

81. 兰勒的刁钻角度

△ABC 中，AB = AC，∠A = 20°。D 和 E 分别是 AC 和 AB 上的一点，∠CBD = 60°，∠BCE = 50°，请求出∠BDE 的度数。

这个问题因解答比想象难而出名。

※ 因 Langley's Adventitious Angles（兰勒的刁钻角度）而闻名。

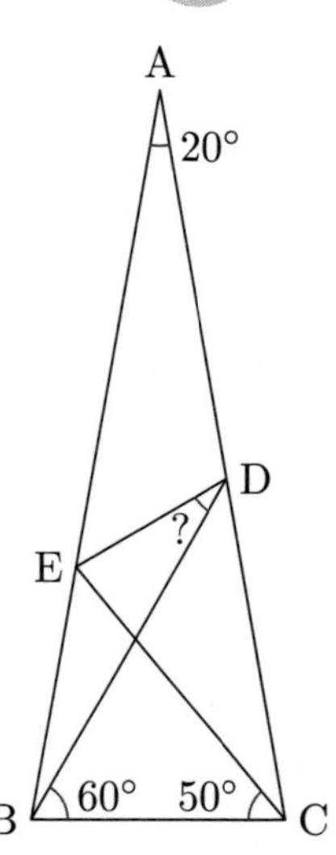

82. 20-80-80（1）

和 Langley's Adventitious Angles 类似的一个问题。

△ABC 中，AB = AC，∠A = 20°。D 和 E 分别是 AC 和 AB 上的一点，∠CBD = 60°，∠BCE = 70°，请求出∠CED 的度数。

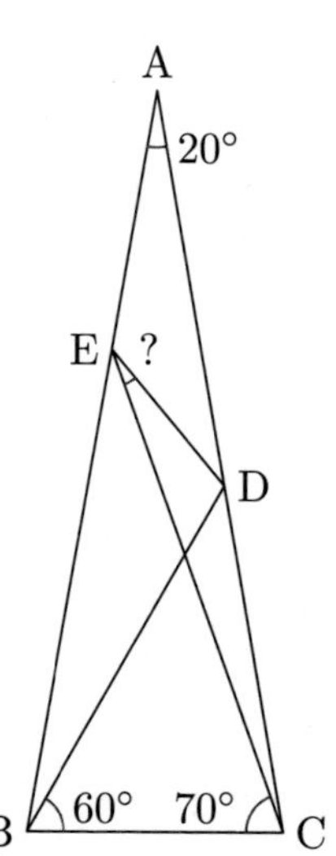

83. 20-80-80（2）

和 Langley's Adventitious Angles 类似的一个问题。

△ABC 中，AB = AC，∠A = 20°。D 和 E 分别是 AC 和 AB 上的一点，∠CBD = 60°，∠BDE = 10°，请求出∠BCE 的度数。

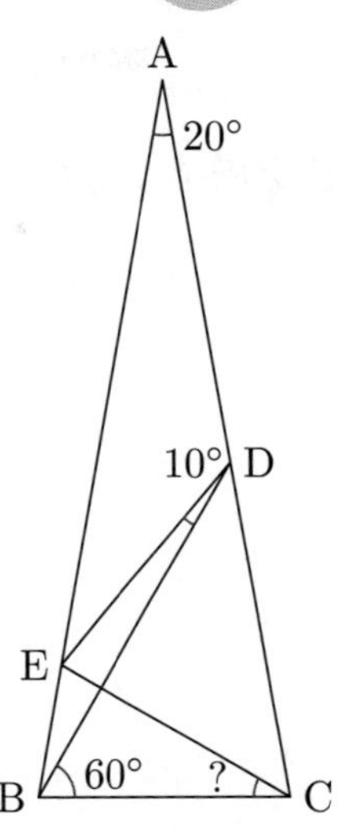

84. 20-80-80（3）

△ABC 中，AB = AC，∠A = 20°。P 是 AB 上的一点，且 AP = BC。请求出∠ACP 的度数。

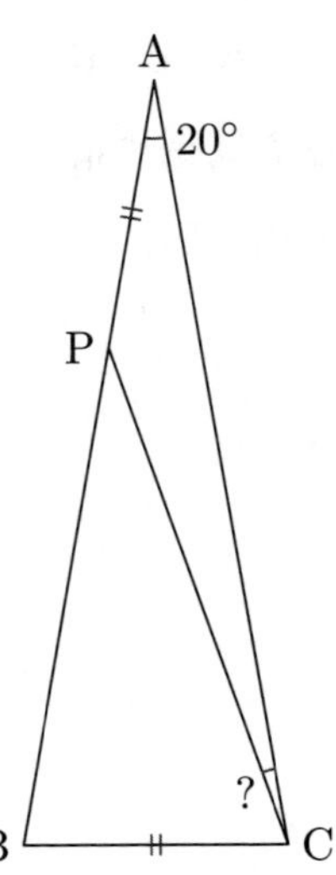

85. 最短的道路网（1）

A、B、C 三个村庄用线连起来会形成一个锐角三角形，现在想在三个村庄之间铺设道路，请问怎样铺设才能保证道路的距离最短?

86. 最短的道路网（2）

A、B、C、D 四个村庄用线连起来会形成一个正方形，现在想在四个村庄之间铺设道路，请问怎样铺设才能保证道路的距离最短？最简单的想法是利用 X 形，但是还有一个更好的办法，是什么呢?

87. 挖地

有一块边长为 1 的正方形土地，现在想在地下深 1 米处直着穿一条电线，那么要敷设这条电线应该挖多少地呢？可以采用和上一道题相同的方法，但还有一个比它更好的方法。

88. 那时，那片树林

还记得 5 个从医院逃出来的精神病人躲进的那片树林[①]吗？也许有人忘记了，那我再说一遍。如右图，树木以横竖间隔都为 1 米的距离成行成列无限广阔地种植。

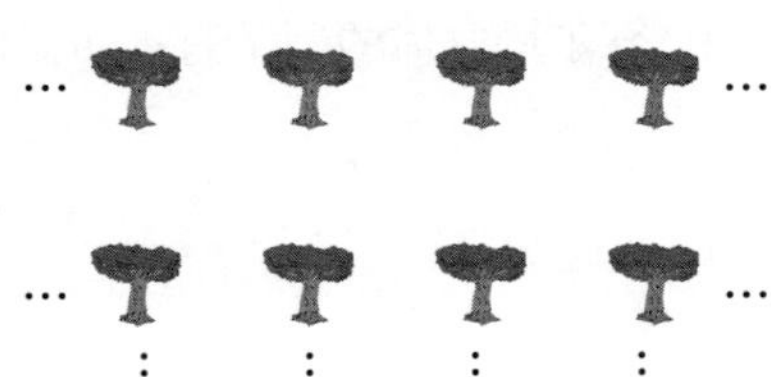

想在这片区域伐木，每个人有 100 平方米的树林，在此区域内可以砍树。把树用绳子绷紧连接起来作为每块地之间的界限。不能砍伐境界线上的树木。

问题一：最多可以砍多少棵树？

问题二：此时表示界限的绳子的长度最短是多少？

①《趣味英才数学题⑴》中的第 22 题。

89. 柏金思夫人的布艺

柏金思夫人要做一些布艺，她想把一个边长为 13 米的正方形布料剪裁成几块小正方形。最少能裁出几块正方形？（要求：小正方形的边长必须都是整数，而且数量在 2 块以上。）

※ 这道题是约翰·康威（John Conway）“正方形的原始分割”中的一种情况。原来是求边长为最小互质数的分割。作为练习，大家可以先把 9×9 的正方形分割成 10 块。

90. 德尔塔立体

马丁·甘地在 1952 年的《数学公报》上把所有面都是正三角形的立体图形称为德尔塔立体。这个名称是从希腊大写字母（Δ）的三角形模样而来的。

德尔塔立体的例子有正四面体、正八面体和正二十面体。

凸德尔塔立体除了这三种之外，还有没有别的？

91. 环环相扣

把五个环连接在一起时，怎样使一个环断开，其他所有环都分开？

当然是一个环和其他四个环都连在一起，那么要想任意一个环断开，所有环都断开的话，应该怎么连接呢？

92. 奇怪的骰子

投掷骰子时，我们看到两个骰子的和是从 2 到 12。

但是有两个奇怪的骰子，它们上面刻的不是 1 到 6 这 6 个数字。投掷后出现的数字是 2 到 12，而且概率和正常骰子也是一样的。

两个骰子不必都一样，骰子上刻的数字都是大于或等于 1 的自然数。

那么两个骰子上的数字分别是多少呢？

93. 找纸牌

这里有 9 张牌，从 A 到 9 每个一张，对方从这些纸牌中抽出一张的时候，只能通过“是”和“不是”这两种回答判断对方抽出的是什么牌。“二重寻找”是最有效的方法。

“二重寻找”是指提问时把纸牌分成一半，先问：“是 1，2，3，4 中的一张吗？”第二个问题在第一个问题的基础上再提问：“是 1,2 中的一张吗？”“是 3，4 中的一张吗？”“是 5，6 中的一张吗？”“是 7，8，9 中的一张吗？”

即使是最坏的情况，只要问 4 次就能找出来。平均 $3\times\frac{7}{9}+4\times\frac{2}{9}\approx 3.2$（次）提问就能把纸牌找出来。

这一次改为一张 A，两张 2，三张 3，……，九张 9，对方从一共 45 张牌中抽取一张。

怎样提问才是最有效率的呢？

94. 网球比赛

8 个人进行网球双打比赛。

各自一天打一次，7 天进行 7 次比赛。

每一个选手和剩下 7 个人只能配合一次，和所有人对战，并且和对方打两次比赛。

举个例子，A 和 B 一组跟 C 和 D 对战的话，其他天 A 和 B 就不能再组成一组，并且 C 要和除了 D 以外的其他人组成一组的时候，A 和 C 才能对战。

能做出一个满足这种条件的对阵表吗？

95. 骑士一周

一名骑士骑着马想从一个城堡到另一个城堡。

为了让对面城堡打开城门，要走过如图所示的四行四边形路线，要求每一个四边形都踩到，最后回到终点即出发点。

骑士像国际象棋中的马一样移动的话，应该按照怎样的顺序走呢？

※ 本题是 Plastelina Games 中的第四个问题。

A	B	C	D
E	F	G	H
I	J	K	L
	M	N	

96. 消失的铁片

下方左图中有33个格，其中32个格被铁片填满，只有中间一个格空着。

无论是横向还是纵向，一个铁片可以跳过另一个铁片到达空格内，同时被跳过的那个铁片也随之消失。要让32个铁片都消失，如下方右图所示最后一个铁片跳入中央空格，应该怎么办？

※ 这个游戏由莱布尼茨(Leibniz)设计。

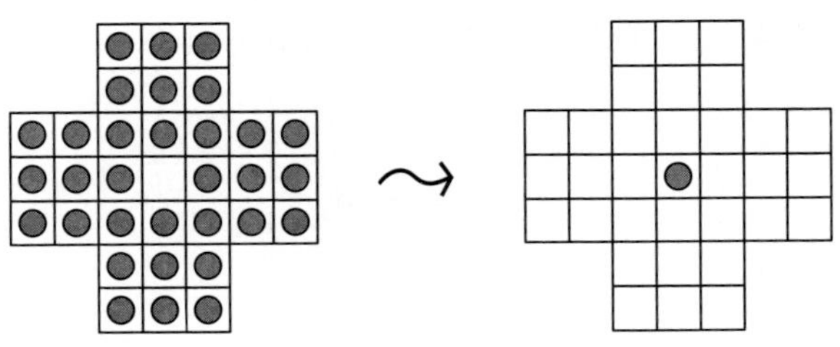

97. 摆画图

一副画图有48张牌，要把这些画图摆在桌子上，要求第一张探出桌子边一点，第二张比第一张再多探出一点，第三张比第二张再多探出一点……

那么最上面的一张可以摞多高？

98. 猴子和椰子

五名水手和一只猴子在航海时遭遇风浪，来到一个无人岛上。

岛上只有椰子，睡觉前，他们约好把一整天搜集到的椰子放到一起，第二天早上再公平分配。

半夜有一个水手醒来，他不想等到第二天早上，想提前把属于自己的那一份拿走。于是，他把这些椰子平均分成 5 份，把剩下的一个留给猴子，偷偷藏起了自己的那一份后就又睡觉去了。

过了一会儿，第二个水手也醒了，他和第一个水手一样，把椰子平均分成 5 份后，悄悄地藏起了自己的那一份，再把剩下的一个椰子留给了猴子。

第三个，第四个，第五个水手同样都是把椰子分成 5 份，剩下的那一个留给猴子。

第二天早上，五个水手醒来后，他们都像什么都没发生一样把椰子分走了。

那么五个人最初搜集到的椰子最少有多少个?

99. 利特尔·皮格里

某本谜题书上有一个叫做“小狗草场”的很有名的题目。这个版本的出处是威廉姆斯(W.T.Williams)、赛维之(G.H.Savage)的《棘手问题集》(*The Strand Problems Book*)。

此问题发生在英国敦克家族有悠久历史的农场，即利特尔・皮格里农场，因此农场成了舞台。农场的一个角落有一块叫“小狗草场”的长方形地。

问题所需要的信息如下：提出这个问题的时间是1935年，1英亩等于4840平方码，等于4公顷，1英里等于1760码。表格中有一个横向和一个纵向是相同的数，并且还有一个数和小狗草场的公顷数一样。

<横向>

1. 小狗草场的面积是多少平方码?

5. 敦克女儿玛莎的年龄。

6. 小狗草场的长宽差是几码?

7. 纵9和小狗草场公顷数之积。

8. 利特尔・皮格里农场归敦克家所有的年份。

10. 敦克的年纪。

11. 玛丽出生的年份。

14. 小狗操场的周长是几码?

15. 敦克走路的速度换算成时速(英里/时)后的立方数。

16. 横15减去纵9的差。

<纵向>

1. 1英亩小狗草场的价值是几先令?(1英镑等于20先令)

2. 敦克岳母格鲁比女士年龄的平方。

3. 敦克家最小的孩子玛丽的年龄。

4. 小狗草场的英镑价值。

6. 敦克家最大的孩子泰德的年龄。明年泰德的年龄是妹妹玛丽年龄的2倍。

7. 小狗草场宽的平方。

8. 敦克围着小狗草场走1圈需要多少分钟?

9. 请看纵10。

10. 横10乘以纵9。

12. 比第二列所有数字加起来还大1的数。

13. 利特尔·皮格里归敦克家所有的年数。

1.		2.	3.			4.
		5.			6.	
				7.		
	8.		9.			
10.			11.		12.	13.
				14.		
15.			16.			

100. 动物园里发生的事情

这是英国著名物理学家亚瑟·爱丁顿(Arthur Eddington)出的一道题。

我带着几个侄子、侄女去动物园玩。

我们站在学名分别叫做 Tovus Slithius，Borogovus Mimsius，Rathus Momus 和 Jabberwockius Vugaris 的动物前，这些动物都是一公一母。

这 8 只动物躺成一排正在睡觉，孩子们开始猜测分别是哪一个动物。

“最后那个是公 Tove。”

“不对，不对，那个是母 Jabberwock。”

我让孩子们从左开始依次写出动物的名字，并承诺写对最多的人将会得到奖品。其实四种动物很好区分，很容易就能找出同类的一对。也就是说，如果认为一只是公 Tove，那么和它长得差不多的就是母 Tove。

我把孩子们写出的答案交给动物园的管理人员，请他帮忙判断。他仔细看过之后说：

“我从 Mary 和 John 的答案中发现了一个有趣的现象：Mary 认为是公 Tove 的动物就是 John 想的动物，John 认为是母 Tove 的动物就是 Mary 想的动物。任何两个答案都是如此，并且四种动物都是这样。”①

① 有些人可能不明白什么意思，在这里举一个简单的例子。仅仅是一个例子，其实 Mary 和 John 并不是这样想的。

	T 公	T 母	B 公	B 母	R 公	R 母	J 公	J 母
Mary	R 母	R 公			T 母	T 公		
John	R 公	R 母			T 公	T 母		

通过这里的例子，我们再来看一下管理员第一次说的话：

Mary 认为是“T 公”的动物(R 母)就是 John 想的动物(T 母)，John 认为是“T 母”的动物(R 母)就是 Mary 想的动物(T 母)。

过了一会儿，管理员又说话了：

“真是越来越神奇了！男孩子们把公Tove认为是公Tove，女孩子们把公Tove认为是母Tove。”举个例子，Mary认为是公Tove的动物其实是母Rathe，Mary认为是母Rathe的动物其实是母Tove。所有答案和四种动物都是这样。”

“真稀奇，这是一个巧合吧？”

管理员回答了我的问题：

“绝对是一个巧合，您再多带一名孩子来的话，就绝对不会再出现这种巧合了。”

那么，我一共带了几个侄子、侄女来？

猜对最多的孩子是男孩子还是女孩子？

这个孩子一共猜对了几个？

解答篇

1的解答

选择“苹果和橘子”这个箱子。

如果从“苹果”这个箱子里拿出苹果的话，这个箱子里装的肯定是苹果和橘子。如果拿出橘子的话，这个箱子里装的可能是橘子，也有可能是苹果和橘子。

先打开“橘子”这个箱子，也是同样的道理。

所以最先打开的箱子应该是“苹果和橘子”这个箱子。

从“苹果和橘子”箱子里拿出苹果的话，那么这个箱子里装的肯定是苹果。“橘子”箱子里装的肯定不是橘子，那么就只能是苹果和橘子。最后“苹果”箱子里装的肯定就是橘子了。

如果先拿出的是橘子的话，也是同样的道理。

2的解答&解说

只单纯地从开关打开还是关闭来判断灯泡情况的话，只能有两种结果，所以无法判断出来。但如果考虑到灯泡的“光”和“热”的话，就会有三种可能性了。

把三个开关分别称为A、B、C。

先打开A开关，稍后再关闭，再打开B开关，然后上楼。

亮着的灯泡肯定是和B开关相连着的。

那么剩下两只灯泡中发热的那个是和开关A相连，不热的灯泡就是和C相连。

再进一步，考虑光和热这两个要素，各有两种情况，一共可以产生四种情况，即使是有四个开关和灯泡的问题也能得到解答。

打开两个开关，过一会儿关掉一个，接着，马上打开两个没有开的灯泡中的一个，然后来到二楼。

这时，可以区分出四种情况：开着灯并且发热的、开着灯却不热的、关着灯却发热的和关着灯也不热的。

当然要想这个成立，需假设灯泡不能马上变热或者马上变凉。

3的解答

第一种假设可能产生以下这两种情况：

K — Q — Q
Q — K — Q

第二种假设可能产生以下这两种情况：

♠ — ♠ — ♡
♠ — ♡ — ♠

把这两组组合到一起便是：

♠K — ♠Q — ♡Q
♠Q — ♠K — ♡Q
♠K — ♡Q — ♠Q
♠Q — ♡K — ♠Q

因为最后♠Q 是两张，所以三张卡片应该是♠K，♠Q 和♡Q。

4的解答

以程序员周一在公司时的情况为例进行解释：

早上送去的衬衫最少是 7 件，上周送去傍晚去取的衬衫最少也是 7 件，加上现在身上穿的 1 件，所以最少需要 15 件衬衫。

5的解答

这位农夫最先可以运送的只有大白鹅。农夫回来后再把狐狸送过去，同时要把大白鹅再接回来。把麦子和狐狸放到一起后，再回来把大白鹅送过去就行了。

农夫要这只狐狸干吗用呢?

6的解答

(1) $\left(3+\frac{3}{7}\right)\times 7=24$

(2) $\frac{10\times 10-4}{4}=24$

(3) $\frac{8}{3-\frac{8}{3}}=24$

7的解答&解说

$2^2\times 3^{32}$ 是最大值。

$a\geqslant 2$，$b\geqslant 2$ 时，$ab-(a+b)=(a-1)(b-1)-1\geqslant 0$，所以 $ab\geqslant a+b$，即分解成大于或等于 2 的自然数时，积更大。

另一方面，$2\times 2\geqslant 4$，$2\times 3>5$，$3\times 3>2\times 2\times 2>6$，所以应该尽量多地使用 3 这个数字。所以 32 个 3 和 2 个 2 的乘积是最大的。

当和为定值的两个数的乘积最大时，这两个数相同。同理，当和为定值的 n 个数的乘积最大时，这 n 个数也都相同。

那么，n 个数的和是 a 时，$\left(\frac{a}{n}\right)^n$ 什么时候最大呢？

假设 $x=\frac{a}{n}$，$f(x)=x^{\frac{1}{x}}$，$x=e$ 时最大。

因此，原来问题中尽可能地多利用和 $e=2.718281828\cdots$ 相接近的 3 是最好的。

8的解答

如下图所示，α + β =45°。

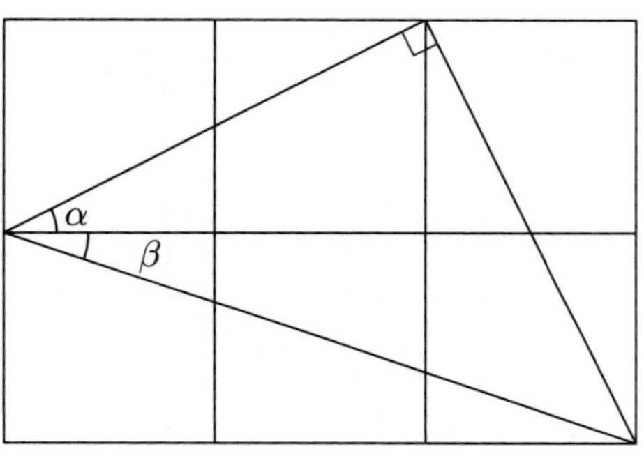

9的解答

如图所示添加辅助线，使△CDE 是正三角形，根据题意可以推出△ADE 就是等腰三角形，四边形 ABCE 为正方形。∠ADE =（180° - 30°）÷ 2 = 75°。

那么∠ADC = 360° - 60° - 75° = 225°。

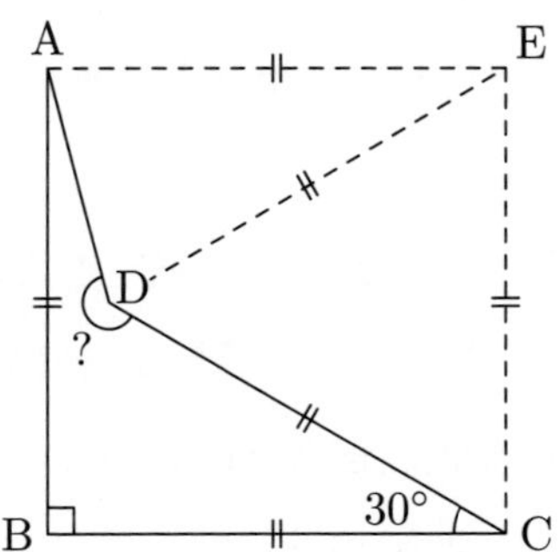

10的解答

把纸展开后计算图上阴影部分的面积即可。

整个图形是由 4 个正三角形的 $\frac{1}{2}$ 组成的，阴影部分是由一个这种三角形和它的 $\frac{2}{3}$ 组成的，因此 $\left(\frac{1}{4}+\frac{1}{4}\times\frac{2}{3}\right)\times 60=\frac{5}{12}\times 60=25$（平方厘米）。

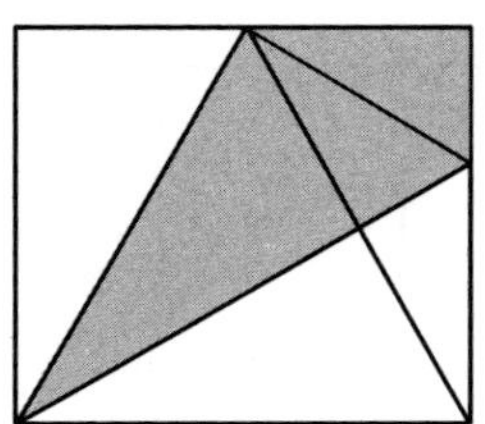

11的解答&解说

先数以 BC 为边的三角形。

选择 1 条由顶点 B 出发的线，再选择 1 条由顶点 C 出发的线来确定一个三角形。当然，选择的这两条线不能是 BC。

那么三角形的个数是 $C_4^1\times C_4^1=4\times 4=16$。

接下来的一种情况是选择 2 条由顶点 B 出发的线，1 条由顶点 C 出发的线。当然，这种情况也排除 BC。

这种情况下三角形的个数是 $C_4^2\times C_4^1=6\times 4=24$。

最后，和前面相反，选择 1 条由顶点 B 出发的线，2 条由顶点 C 出发的线。

这种情况下三角形的个数是 $C_4^1\times C_4^2=4\times 6=24$。

三种情况加起来，一共有 16 + 24 + 24 = 64 个三角形。

还有一种有趣的方法如下。

把△ABC上聚集在点B、C上的线段下拉，如下图。所求的三角形的一条边与BD或CD上的四边形是相对应的。

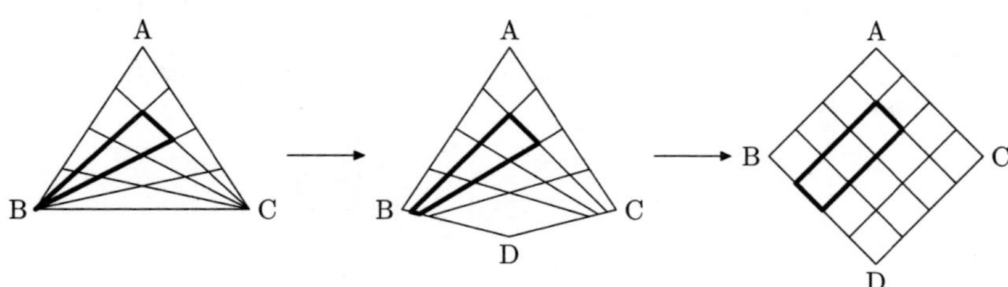

因此，三角形的个数是：5条线段中选出2条的方法数 ×5条线段中选出2条的方法数-4条线段中选出2条的方法数 ×4条线段中选出2条的方法数，即：

$$C_5^2 \times C_5^2 - C_4^2 \times C_4^2$$
$$= 10 \times 10 - 6 \times 6$$
$$= 64$$

用同样的方法思考，一般来说，两边n等分的情况下，三角形总个数的计算方法为：

$$(C_{n+1}^2)^2 - (C_n^2)^2 = n^3$$

12的解答

镜子对称放置的话，光线的路线会如下图所示呈现出来。

所以光线的路线和镜子相遇 6 次。只看光线本身的话，是和镜子相遇 11 次（进去 6 次，出来 5 次）。

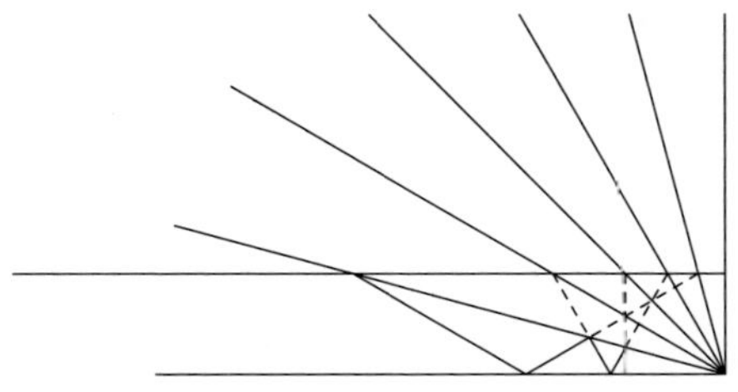

13的解答&解说

```
   A B        1 7
 ×   C      ×   4
 -----      -----
   D E        6 8
 + F G      + 2 5
 -----      -----
   H I        9 3
```

九个字母代表九个不同的数字，所以 B 和 C 都不可能是 1。又因为两位数 DE 和两位数 FG 的和还是两位数 HI，所以 D 绝对不是 9。

这时，因为 C 不可能是 1，那么 $C \geqslant 2$，又因为 DE 是两位数，那么 A 肯定小于 5，现在逐一分析 $A < 5$ 的情况。

ⅰ）A=4 时

只能是 C=2，$B < 5$，所以 B=3。

DE=43×2=86，那么 F=1。G、H、I 放入 5，7，9，可是不管怎么放，式子都不成立。

ⅱ）A=3 时

还是 C=2，下面我们逐个分析 B 的可能性。

B=4 时，DE=34×2=68，F=1，这时 H=7，剩下 5 和 6，G 不管是多少都不可能。

B=5 时，E=0 不符合题意。其实无论 A 是几，B 和 C 都不可能是 5。

B=6 时，C=E=2 不符合题意。

B=7 时，B=D=7 还是不符合题意。

B=8 时，DE=38×2=76，还是 F=1。G、H、I 放入 4，5，9，可不管怎么放，都不能满足这个式子。

B=9 时，DE=39×2=78，还是 F=1。G、H、I 放入 4，5，6，还是不管怎么放，都不能满足这个式子。

ⅲ）A=2 时

C 可能取的值是 3 和 4。

C=3 时，因为 E 不能是 2，所以 B 可能取的值是 6，7，8 和 9。

B=6 时，只能是 F=1；又因为 E=8，所以 H=9。G、I 放入 4，5 都不能满足这个式子。

B=7 时，EF=27×3=81，即 E=1，此时 F 也只能为 1，而 E=F=1 不符合题意。

B=8 时，D=8 还是不行。

B =9 时，HI=DE＋FG≥87 ＋ 14=101，仍然不行。

C=4 时，对比 1 大的任何一个 B 来说，D=9 都不可能。

ⅳ）A=1 时

为了使 C ≠ D，要满足 B×C＞10。而且 FG 再小，也要大于或等于 23，HI 再大，也要小于或等于 98，所以 DE ≤ 98-23，即 DE ≤ 75。

C=6 时，如果 B=2，那么 E=2，这是不可以的。所以一定要 B≥3，那么 AB×C≥13×6=78，而 78 ＞75，所以也不可以。

所以要 C＜6，C 不能是 5，所以我们只看 2 ≤ C ≤ 4 的情况就可以了。

C=2 时，有 AB=17，18，19 三种情况，F、G 放入剩下哪一个数字计算，其结果都会出现使用重复的数字。

C=3 时，有 AB=16，18，19 三种情况，F、G 放入剩下哪一个数字计算，其结果也都会出现使用重复的数字。

C=4 时，有 AB=13，17，18 三种情况，当 AB=13 或 18 时，F、G 放入剩下哪一个数字计算，其结果都会出现使用重复的数字，也不可以。只有 AB=17 时，才能找到互不相同的 9 个数字。

所以，A=1，B=7，C=4，D=6，E=8，F=2，G=5，H=9，I=3。

14的解答

如果出的金额少于500，而对方出的金额比我多的话，我就会蒙受损失，这种情况除外。

如果出的金额很大，即使赢了，对方出多于500块的话，我仍然会蒙受损失。

因此，即使我赢了对方，我也得不到比本金（500块）多的钱，而我输了的话，可以得到比本金（500块）多的金额也只能是600块。

各种情况下的收益或亏损通过下表就可以一目了然。

我＼对方	100	200	300	400	500	600	700	800
100	0	-400	-400	-400	-400	-400	-400	-400
200	400	0	-300	-300	-300	-300	-300	-300
300	400	300	0	-200	-200	-200	-200	-200
400	400	300	200	0	-100	-100	-100	-100
500	400	300	200	100	0	0	0	0
600	400	300	200	100	0	0	100	100
700	400	300	200	100	0	-100	0	200
800	400	300	200	100	0	-100	-200	0

15的解答

第 n 组由(n，n + 1，n + 3)组成的话，那么可以组成 20 个组。想一下 n + 1，n + 3 比 20 大时为它除以 20 所得的余数。如此便是：

(1，2，4)(2，3，5)(3，4，6)(4，5，7)(5，6，8)(6，7，9)(7，8，10)

(8，9，11)(9，10，12)(10，11，13)(11，12，14)(12，13，15)

(13，14，16)(14，15，17)(15，16，18)(16，17，19)(17，18，20)

(18，19，1)(19，20，2)(20，1，3)

这样就满足所有的条件。

16的解答

问题一：

如右图，用正六面体的顶点做一个空间坐标。

如果硬币正面是 0，背面是 1，那么这道题就是要找一条从 000 到 111 不重复的路线。因此是 000-100-110-010-011-001-101-111。

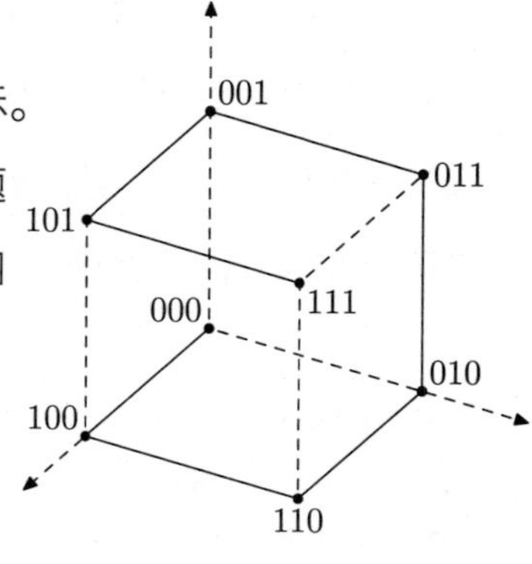

问题二：

以硬币正面的个数是偶数还是奇数为着眼点，偶数个翻转一个就会变成奇数个，奇数个翻转一个就会变成偶数个。

因此从 0000 到 1111 是奇偶交替着进行。但是(0000)和(1111)都是偶数，一共存在 16 种情况，所以这是不可能的。

17的解答

问题一：

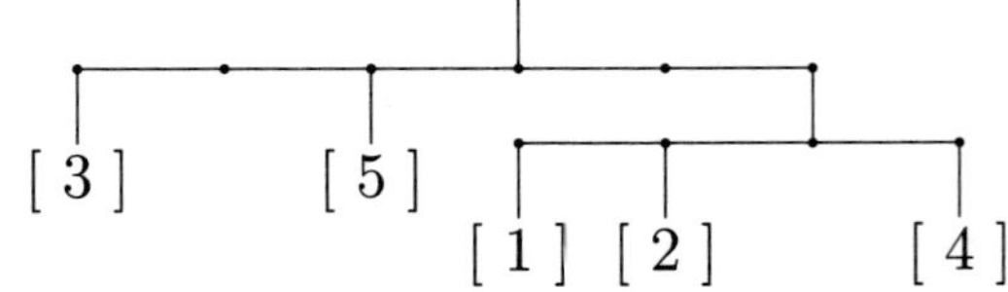

问题二：

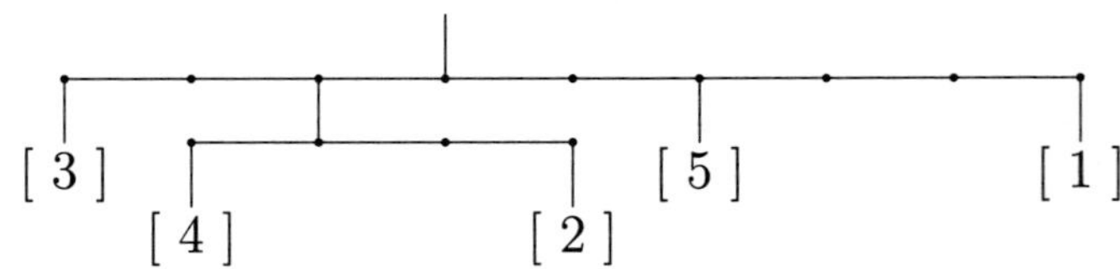

18的解答&解说

$x=\sqrt{2}^{\sqrt{2}^{\sqrt{2}^{\cdots}}}$，那么 x 满足方程式 $x=\sqrt{2}^{x}$。所以答案当然是 $x=2$…吧?

可是满足这个方程式的解，除了 $x=2$，还有 $x=4$。两个不可能都是答案，那么正确答案是哪一个呢？正确答案是 $x=2$。

因为$\sqrt{2}<2$，所以$\sqrt{2}^{\sqrt{2}}<\sqrt{2}^{2}=2$。如此反复，$x\leqslant 2$。

这道题还可以从另外一个不同的角度来看。

设 $f(x)=\sqrt{2}^{x}$，那就是 $fff\cdots f(1)$ 的极限值。

现在，从右图求 $fff\cdots f(1)$ 的极限值来看，极限值为 2。

作为参考，从 2 附近出发，离 2 越来越近；从 4 附近出发，离 4 越来越远。这种情况下，2 叫做吸引区，4 叫做排斥区。

$$e^{-e}\leqslant a\leqslant e^{\frac{1}{e}}$$

因为从 $y=ax$ 和 $y=x$ 的交点所做切线的斜率要大于或等于 -1，小于或等于 1。

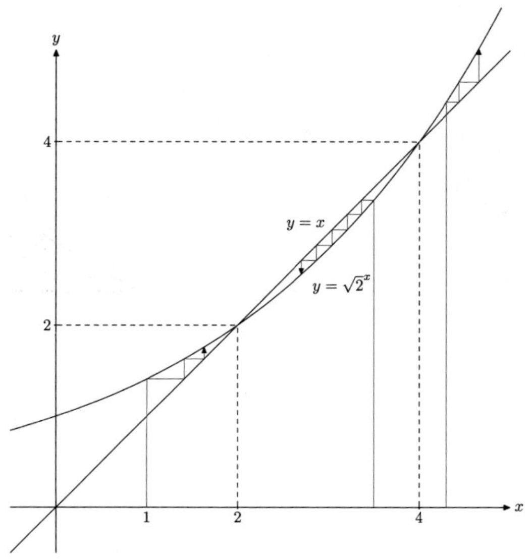

19的解答

把△ABC 放在一条和线段 AD 重合的直线上的话，三角形肯定向点 C 倾斜。如果点 B 的重量是 3，点 C 的重量是 1，就不会向任何一边倾斜。

同样，我们来想一下线段CE，点 A 的重量如果是 6，也不会向任何一边倾斜。

假想一下把点 F 放到一根垂直的针上，A、B 两点的重量之和 9 都集中在点 E 上，线段 CE 对于点 F 来说，如果不向任何一边倾斜的话，只能是线段 CF ∶ EF = 9 ∶ 1。

20的解答

因为△CDF、△CDA和△EDA的面积相等，所以梯形ABCD的面积和△AFE的面积也相等。

因为AF = EF = 1，所以梯形ABCD的面积是$\frac{1}{2}$。

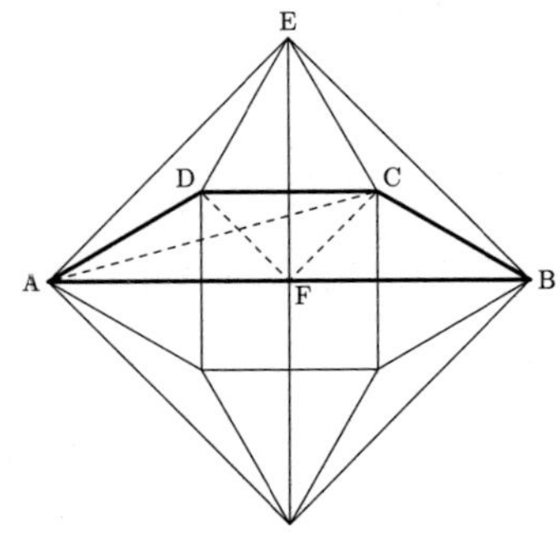

21的解答

8个点如下排列即可，至今还没有发现与之不同的答案。

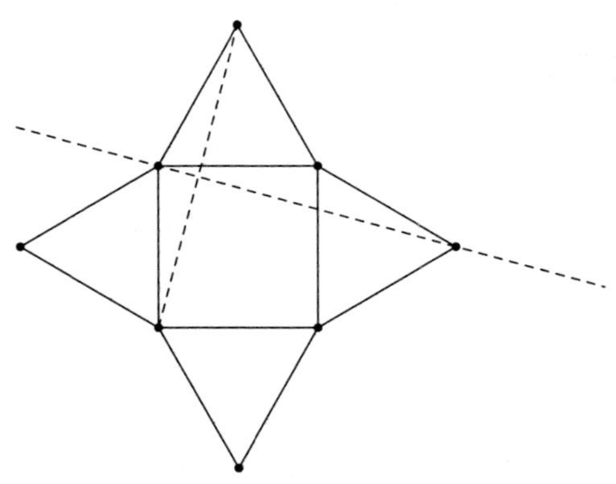

22的解答&解说

正确答案是3，4，5，6。

由于是正三角形组合的，那么凸多边形的内角只能是60° 或120°，换句话说，外角是120° 或60°。

因为多边形的外角和是360°，加上60° 和120° 达到360° 的全部情况如下所示：

120° + 120° + 120° = 360° →三角形

60° + 60° + 120° + 120° = 360° →四边形

60° + 60° + 60° + 60° + 120° = 360° →五边形

60° + 60° + 60° + 60° + 60° + 60° = 360° →六边形

实际上，可以组成如下图所示的3，4，5，6边形。

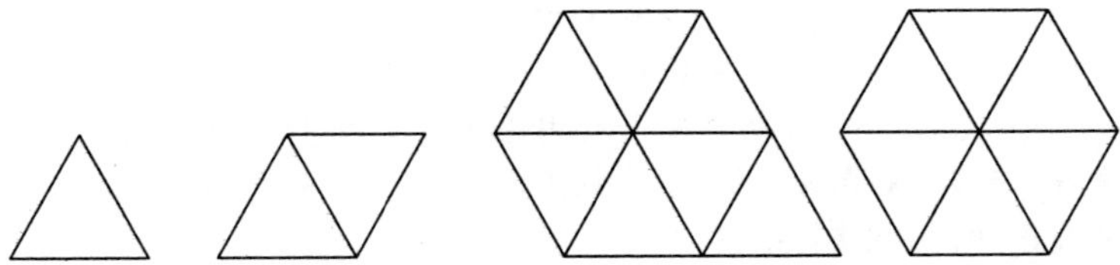

那么，最少用多少个正三角形能组成3，4，5，6边形呢？

我们来算一下能够组成3，4，5，6边形的正三角形的最少个数。

可以组成的三角形的各层是由1，3，5，…，2n-1个三角形构成的正三角形，所以正三角形的层数是：

$$1+3+5+\cdots+(2n-1)=n^2$$

四边形是把三角形一字横向排开，所以有两个以上的正三角形就可以。

五边形就是削去三角形的两个角，所以正三角形的个数是：

$$a^2-b^2-c^2,\ a>b+c$$

六边形就是削去三角形的三个角，所以正三角形的个数是：

$$w^2-x^2-y^2-z^2,\ w>x+y,\ w>y+z,\ w>z+x$$

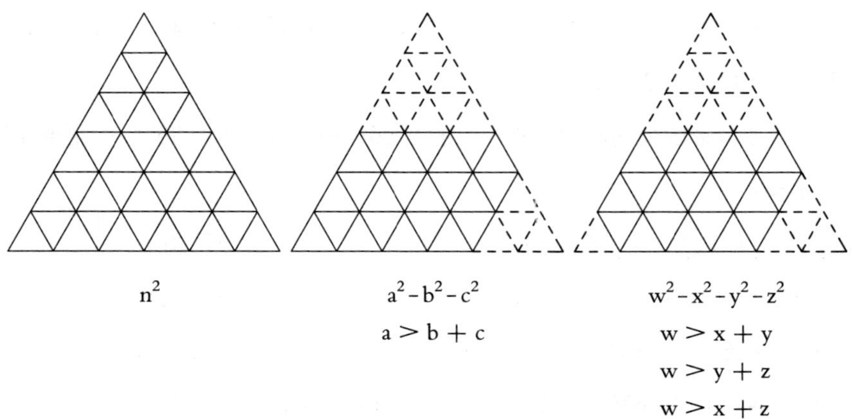

三个式子一个值，即：

$$n^2=a^2-b^2-c^2=w^2-x^2-y^2-z^2$$
$$a>b+c$$
$$w>x+y,\ w>y+z,\ w>z+x$$

我们来看一下是否存在满足上式的自然数。

最小的数是 49，满足条件如下：

三角形：$49=7^2$

四边形：$49\geqslant 2$

五边形：$49=9^2-4^2-4^2$

六边形：$49=10^2-7^2-1^2-1^2$

$=11^2-8^2-2^2-2^2$

还有一个有趣的现象是，从 $49=7^2$ 到 $10000=100^2$ 的乘方数都满足上面的条件，猜想这个条件对后面的乘方数也成立，不过至今还没有被证明。

23的解答

可以组成如下 11 种图形。

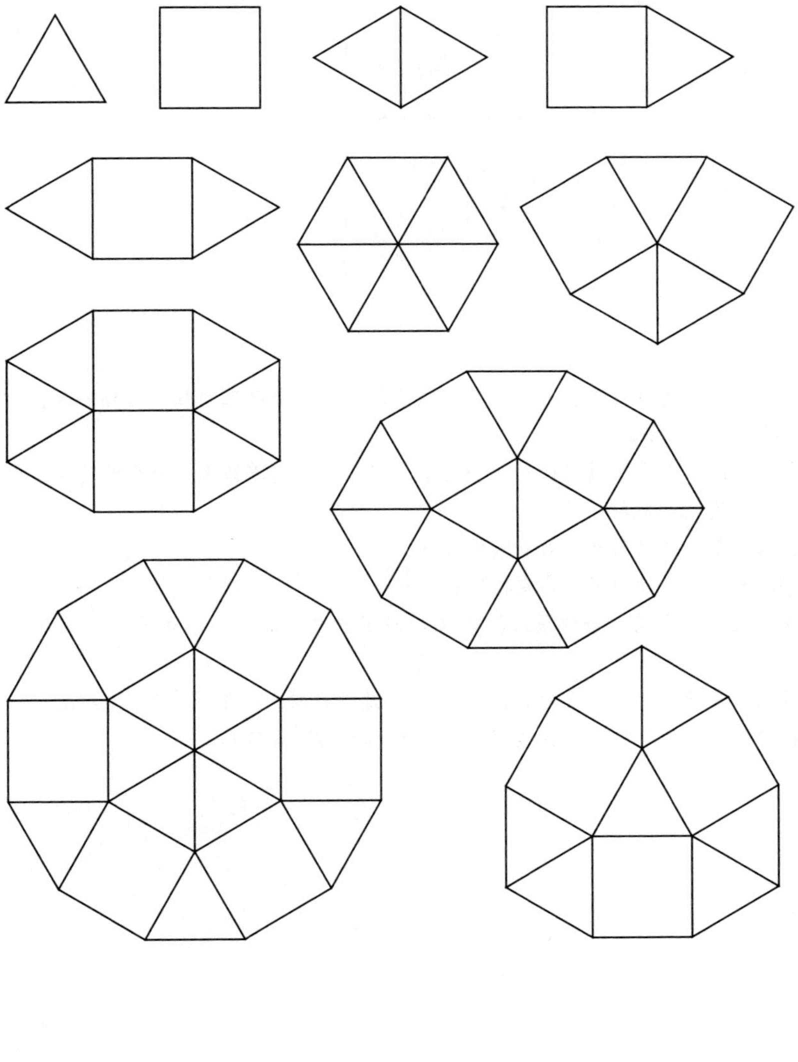

24的解答&解说

n是奇数的时候，是n边形，n是偶数的时候，是2n边形。

作为参考，下面是n = 4时，即$\frac{180°}{4}$ = 45°时的图形。

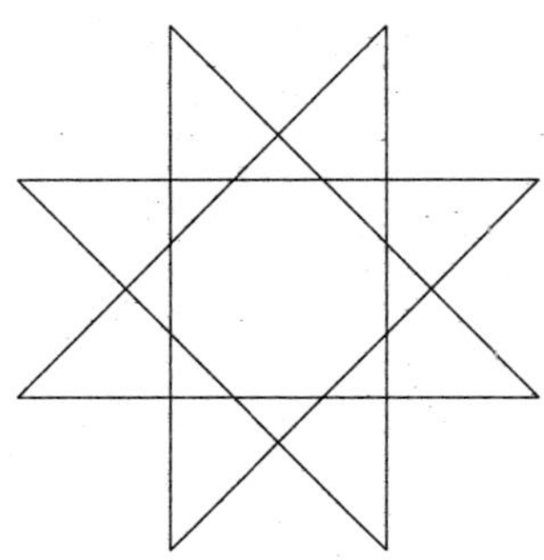

线段呈一定角度放置，可以把这些线段想象成一个圆里的弦。这样一来，所有的线段都和到圆心的距离相等。

所有的线段围成了最里面的正多边形，因此我们想掌握正多边形的边数，就应该先知道一共有几条线段。

想象一下有一只乌龟在沿着线段爬行。

要爬第二条线段的话，它要转$180° - \frac{180°}{n} = \frac{n-1}{n} \times 180°$。

如此反复，沿着k条线段爬过后又转回了出发点的话，应该是$\frac{n-1}{n} \times 180° \times k$ = 360°的整数倍。

所以n是奇数时，n - 1是偶数，k = n；n是偶数时，n - 1是奇数，k = 2n。

答案是n为奇数时，是n边形；n为偶数时，是2n边形。

25的解答

5 名。

下图是最坏的一种情况，即使再少也需要 5 个人。

一般 n 面墙形成直角时，最少需要$\frac{n}{4}$名警卫员，如果没有直角这个条件，最少需要$\frac{n}{3}$名警卫员。

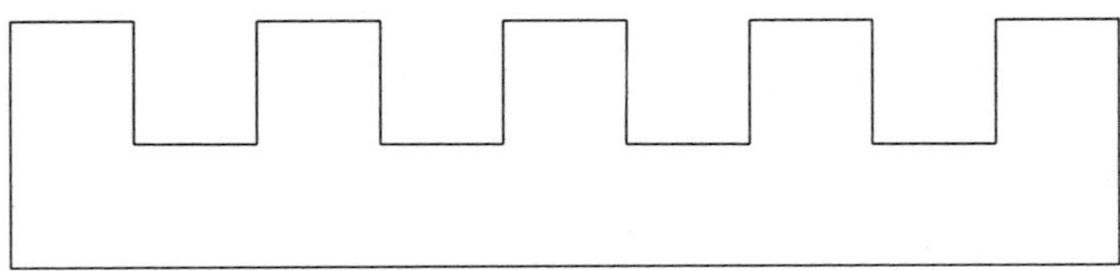

26的解答

下面两种方法把正方形分割成了 7 个等腰直角三角形。

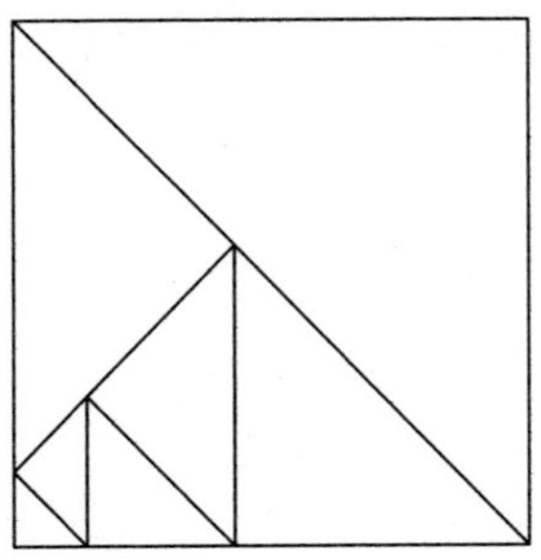

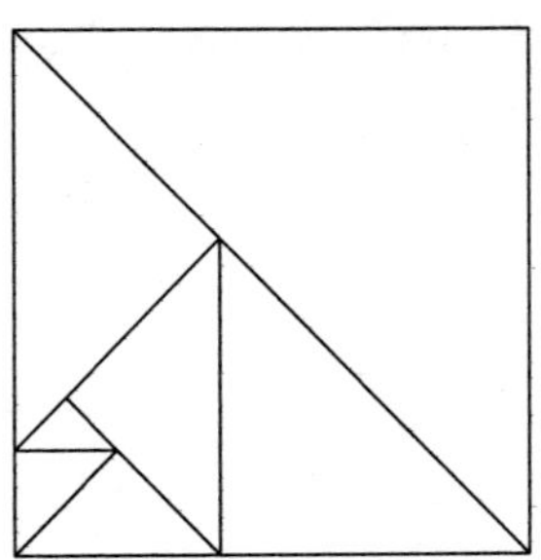

27的解答&解说

我们从这个图形是由6个大正三角形组成的分析，如果想4等分，应如左下图所示，分割成6×4=24个小正三角形，每6个正三角形相连，组成4块。

如果想9等分，应如右下图所示，分割成6×9=54个小正三角形，每6个正三角形相连，组成9块。

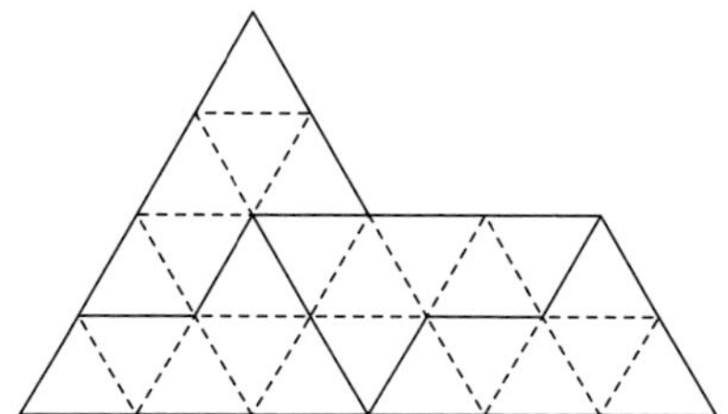

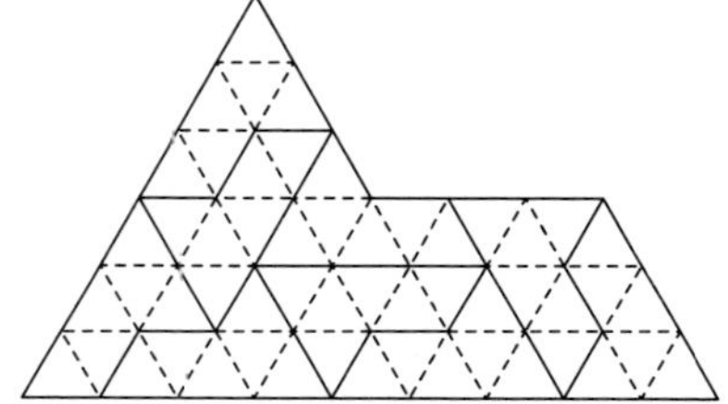

如果把一个图形进行n等分后，分割的图形和原来图形相似，我们就把这个图形叫做自相似图形。

狮身人面像图形既是可以进行四等分的自相似图形，又是可以进行九等分的自相似图形。事实上，它还是迄今为止发现的唯一一个可以进行四等分的自相似五边形。

最简单的例子当属正方形，在谜题书上经常看到的下面这个图形就是可以进行四等分的自相似图形（分割成12个小正方形之后，每3个拼在一起，组成4块）。

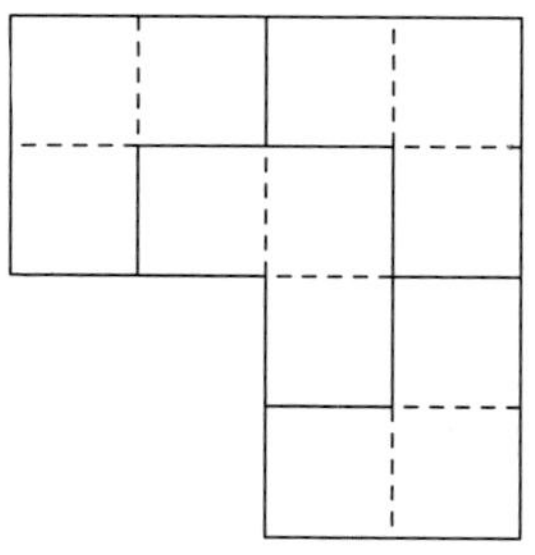

另外，很有意思的一点是，迄今为止发现的可以进行四等分的自相似图形都可以进行九等分，反之亦然。试着把上面图形九等分确认一下。

28的解答

根据颜色不同来分，1 个格子可以有 2 种情况，2 个格子有 1 种情况，3 个格子有 4 种情况，4 个格子有 10 种情况。

加起来一共有 17 种情况，这 17 种情况一共是 $1\times2+2\times1+3\times4+4\times10=56$ 个格子，那么整个棋盘剩下 8 个格子。

可是这 8 个格子无论怎么分割，都会被分成小于 4 个格子的小块，而这些就会和已使用过的 17 块重复。

所以满足条件的块数不能大于 18。

现在我们把国际象棋棋盘分割成 18 块。

有很多方法，在此介绍两种方法。

下图是刊登在怀特的书上的答案，在棋盘最前面的一块就是使用了剩下的这 8 个格子。

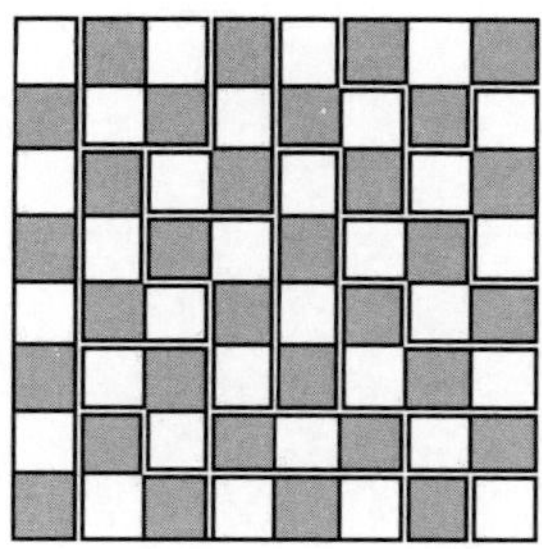

下图是 KIDS 的 Zerone 先生用 5 个格子代替了 4 个格子的答案。

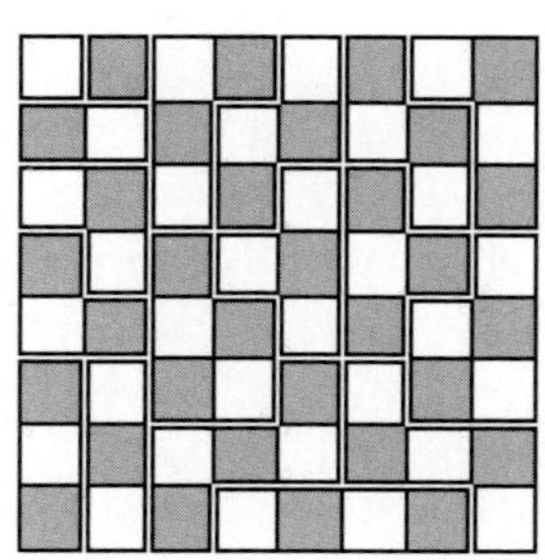

29的解答

若想把长为25米、宽为16米的长方形分割后变成正方形，从 $25\times16=5^2\times4^2=(5\times4)^2$ 中，我们可以看出一条边的长应该是20米。

我们来想一下阶梯形状，从长方形的长25米中减去一段阶梯的横段，剩下20米；在长方形的宽16米上补一段阶梯的纵段，凑成20米。因此阶梯的横段应该是5米，纵段应该是4米。

因此长方形应该按照下图进行裁剪。

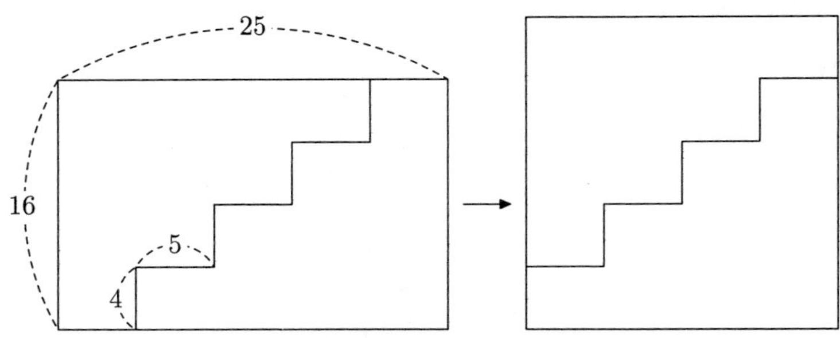

所以阶梯有四段。

一般来说，像这种长方形（用阶梯状裁剪后可拼成正方形）的长和宽应该是平方数。

30的解答

从(1，1，1)做的切线经过(1，0，0)，(0，1，0)，(0，0，1)，那么所求的圆肯定经过(1，0，0)，(0，1，0)，(0，0，1)。

这三个点的连线构成了一个正三角形，这道题就演变成求这个三角形的外心。因为正三角形的外心和重心一致，所以心算可知：

中心：$\left(\frac{1}{3}, \frac{1}{3}, \frac{1}{3}\right)$

半径：$\frac{\sqrt{6}}{3}$

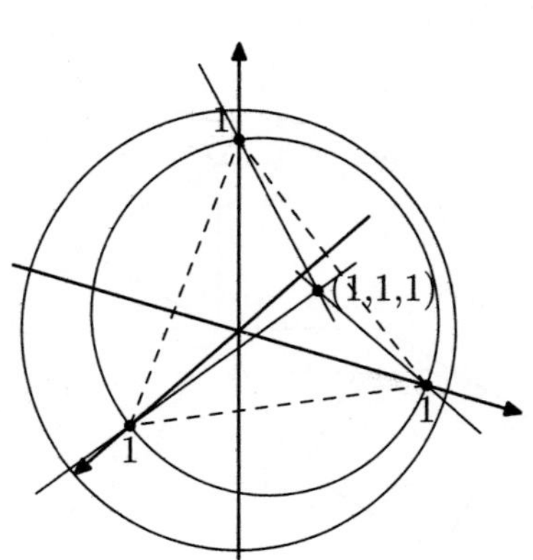

31的解答&解说

没有必要一一都剪开。

设想一下展开图是一个三角形连接着一个正方形。每连接一个图形，就多了一个不必剪开的棱。一共有 14 个面，所以在做展开图时就会有 13 条棱不必剪开。

一共有 24 条棱，无论是用哪种方法做展开图，被剪开的棱肯定是 24 - 13 = 11（条）。

下图是立体展开图中的一种。请确认一下应该剪开几条棱。作为参考，这个立体图形用英语叫做“cuboctahedron”。

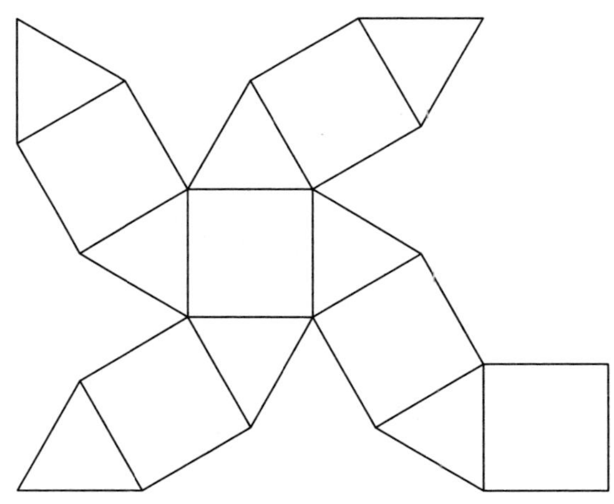

一般来说，连接状态下和球相似的立体图形的顶点、棱和面的个数分别是 v、e、f 时，要剪开的棱的个数是 $e-(f-1)=e-f+1$。从欧拉公式 $v-e+f=2$ 得出 $e-f+1=v-1$。也就是说，无论何时，只要剪开比顶点数少 1 条的棱就可以了。

32的解答&解说

S I X + S I X + S I X = N I N E + N I N E

9 4 2 + 9 4 2 + 9 4 2 = 1 4 1 3 + 1 4 1 3

通往覆面算答案的路不止一条，因为通过数字间的关系排除答案可能性的方法有很多。

大多数情况下，约数和倍数的关系以及缩小数字范围的方法最有效。这道题就使用了这样的方法。

首先，因为：

$$\text{NINE}=\frac{3}{2}\times\text{SIX}\leqslant\frac{3}{2}\times 987=1480.5$$

N=1，利用这个结果，范围可以缩小到：

$$\text{NINE}\leqslant 1419$$

并且 I=0，2，3，4。

利用 NINE 的范围计算 SIX。

$$\text{SIX}=\frac{2}{3}\times\text{NINE}\leqslant\frac{2}{3}\times 1419=946$$

通过以上结果和各位的和不难求出答案。我们将继续使用缩小范围的方法。

因为 N=1，NINE ⩾ 1012，NINE 还得是 3 的倍数，所以：

$$\text{NINE}\geqslant 1014$$

这时，

$$\text{SIX}=\frac{2}{3}\times\text{NINE}\geqslant\frac{2}{3}\times 1014=676$$

I ⩽ 4，所以能把范围缩小到：

$$\text{SIX}\geqslant 702$$

在这个范围内再求解 NINE。

$$\text{NINE}=\frac{3}{2}\times\text{SIX}\geqslant\frac{3}{2}\times 702=1053$$

N=1，NINE 是 3 的倍数，所以：

$$NINE \geqslant 1215$$

我们还知道 I ≥ 2，计算 SIX 的范围。

$$SIX=\frac{2}{3}\times NINE \geqslant \frac{2}{3}\times 1215=810$$

又因为 I ≥ 2，得出：

$$SIX \geqslant 820$$

再求 NINE。

$$NINE=\frac{3}{2}\times SIX \geqslant \frac{3}{2}\times 820=1230$$

因为 N=1，NINE 是 3 的倍数，

$$NINE \geqslant 1314$$

所以 I ≥ 3 。计算 SIX。

$$SIX=\frac{2}{3}\times NINE \geqslant \frac{2}{3}\times 1314=876$$

因为 I=3，4，

$$SIX \geqslant 932$$

再求一下 NINE。

$$NINE=\frac{3}{2}\times SIX \geqslant \frac{3}{2}\times 932=1398$$

N=1，NINE 是 3 的倍数，

$$NINE \geqslant 1410$$

$$SIX=\frac{2}{3}\times NINE \geqslant \frac{2}{3}\times 1410=940$$

因为前面计算的不等式 SIX ≤ 946，NINE ≤ 1419，结果 S、I、N 的值都能确定，在 3×94X=2×141E 中，找到满足 3X=2E 的 X 和 E 就行了。

满足所有条件的值 X=2，E=3。

所以覆面算的答案是：

$$942+942+942=1413+1413。$$

33的解答&解说

$$\begin{array}{r} ABCDE \\ \times\quad\quad F \\ \hline GGGGGG \end{array}$$

$$\begin{array}{r} 95238 \\ \times\quad\quad 7 \\ \hline 666666 \end{array}$$

因为 $111111 = 1 \times 3 \times 7 \times 11 \times 13 \times 37$，所以 $ABCDE \times F = G \times 3 \times 7 \times 11 \times 13 \times 37$。

如果 F 是 3，$7 \times 11 \times 13 \times 37 = 370370$，不管 G 是多少，$370370 \times G$ 各位数上的数都不可能是不同的数 ABCDE。

这个和 F 是 3 的倍数是一样的。比如 G 是 4，$F = 2 \times 3 = 6$ 时，$ABCDE = 2 \times 7 \times 11 \times 13 \times 37 = 740740$。

所以唯一的可能性就是 $F = 7$，$ABCDE = G \times 3 \times 11 \times 13 \times 37 = G \times 15873$。因为积是五位数，可以不考虑 $G \geq 7$ 的情况。其实 F 已经是 7，从最一开始就可以不用考虑 $G=7$ 的情况。

下面一起来看一下各种情况。

G	G×15873	行还是不行?
1	15873	A=G=1　不可能
2	31746	C=F=7　不可能
3	47619	B=F=7　不可能
4	63492	C=G=4　不可能
5	79365	A=F=7　不可能
6	95238	唯一的可能

所以答案就是 $95238 \times 7 = 666666$。

34的解答&解说

$$\begin{array}{r} 197 \\ 193 \\ +\ 701 \\ \hline 1091 \end{array} \qquad \begin{array}{r} 204 \\ 525 \\ +\ 521 \\ \hline 1250 \end{array}$$

现在我们先看第一道题。

首先，假设最后一行左边的 A 是 2。

如果是 2 的话，A + A + C 与从十位上进位的数的和要大于或者等于 20。可是就像 C=9，进位的数是 2，这种情况就不可能存在。

因此 A=1。整理一下这个式子如下：

$$\begin{array}{r} 1\ B\ C \\ 1\ B\ E \\ +\ C\ D\ 1 \\ \hline 1\ D\ B\ 1 \end{array}$$

我们把个位数列式：$C + E + 1 \equiv 1 \pmod{10}$，$C + E = 10$。

十位数字加上个位的进位是 $B + B + D + 1 \equiv B \pmod{10}$，$B + D = 9$

在百位上进了 1，所以 $1 + 1 + C + 1 = C + 3 \equiv D \pmod{10}$。千位上有 1，所以 C 最小也应该是 7。

前面 C + E=10，所以（C，E）=（7，3）（8，2）。A=1，（C，E）=（9，1）除外。

C	E	D=C+3	B=9-D	对吗?
7	3	0	9	找到啦!
8	2	1	8	C=B不可能

所以答案是 197 + 193 + 701=1091。

现在我们来看第二道题。

首先，假设最后一行左边的 E 是 2。

如果 E=2 只有一种情况，那就是 D=9 的同时，进到百位上的数是 2。即，B + A + A 与从个位上进位的数的和是 29。

可是就算个位进的数是 2，A+B+B 也要等于 27，这是不可能做到的。

所以 E 是 1。那么这个式子整理如下：

$$\begin{array}{r} A\ B\ C \\ D\ A\ D \\ +\ D\ A\ 1 \\ \hline 1\ A\ D\ B \end{array}$$

A + D + D 加上进位的数的和是 1A，所以 D + D 加上进位的数的和应该是 10。

进位的数顶多是 2，D 的值只可能是 4 或者 5。

现在，每种情况分析如下。表中 C_2 表示从个位进到十位的数字，C_3 表示从十位进到百位的数字。C=1 和 C=D 这两种情况无需考虑，因此省略。

D	C_3	$C+D+1\equiv B$	C	B	C_2	$B+2A+C_2=10C_2+D$	在哪里……
4	2	$C+4+1\equiv B$	0	5	0	5+2A+0=24	A=9.5 不可能
			2	7	0	7+2A+0=24	A=8.5 不可能
			3	8	0	8+2A+0=24	A=B=8 不可能
			5	0	1	0+2A+1=24	A=11.5 不可能
			6	1	1	1+2A+1=24	A=11 不可能
			7	2	1	2+2A+1=24	A=10.5 不可能
			8	3	1	3+2A+1=24	A=10 不可能
			9	4	1	4+2A+1=24	A=9.5 不可能

5	1	C+5+1 ≡ B	0	6	0	6+2A+0=5	A=−0.5 不可能
			2	8	0	8+2A+0=5	A=−1.5 不可能
			3	9	0	9+2A+0=5	A=−2 不可能
			4	0	1	0+2A+1=5	A=2 ←就是它!
			6	2	1	2+2A+1=5	A=E=1 不可能
			7	3	1	3+2A+1=5	A=0.5 不可能
			8	4	1	4+2A+1=5	A=0 不可能
			9	5	1	5+2A+1=5	A=−0.5 不可能

所以结论是 204 + 525 + 521 = 1250。

35的解答

汉字	数字
三零二	302
× 四	× 4
一二零八	1208

汉字	数字
五一零三	5103
一九零二	1902
一二零二	1202
+ 九零二	+ 902
九一零九	9109

36的解答&解说

在最后一门考试中，得第二名的人是 C，三个人的成绩如下表所示：

	1 次考试	2 次考试	3 次考试	总分
A	4	8	8	20
B	8	1	1	10
C	1	4	4	9

有 n 次考试的话：

$$n(x+y+z)=20+10+9=39$$
$$n=3 \text{ 或者 } n=13$$

$n=13$ 的话，$x+y+z=3$，所以它不是答案，n 一定是 3。
因为 x、y、z 是自然数，$x>y>z$，$x+y+z=13$，所以 $z\leqslant 3$，$x\geqslant 6$。
因此，x，y，z 的值可能是：

6，5，2；6，4，3；7，5，1；8，4，1；9，3，1；10，2，1

A 至少有一次第二，想要总分第一的话，应该有一次第一和两次第二或者两次第一、一次第二。总分是 20，只可能是 $x=8$，$y=4$，$z=1$。两次第一、一次第二。

C 三次考试一共 9 分，只能是一次第三、两次第二。因为 A 在第一个考试中是第二，最后一个第二名的人只能是 C。

37的解答

一共打出 19 个安打。

假设打了 n 次中有 h 个安打，打安打之前，打了 n - 1 次中有 3 个安打。

则有：

$$\frac{h-1}{n-1} + \frac{1}{100} = \frac{h}{n}$$

为了方便，我们设 $m = 101 - n$，则上式可以整理为 $100h = mn$。

这个式子的左边可以被 4 整除，所以右边也应该被 4 整除，m 和 n 是一奇一偶，所以 m 和 n 中必须有一个能够被 4 整除。

同样，左边可以被 25 整除，所以 m 和 n 中也有一个能够被 25 整除。

因为 $m > 0$，所以 $2 \leqslant n \leqslant 100$，在击打席上打出安打，所以 $h \geqslant 2$，n 不会是 100，所以 $m \geqslant 2$，$n \leqslant 99$，且只有 m 是 4 的倍数 n 是 25 的倍数，或是 m 是 25 的倍数 n 是 4 的倍数这两种可能性。

$n = 50$，75 的情况下，$m = 51$，26，不是 4 的倍数，所以 $n = 25$，$m = 76$。

这种情况下 $h = \frac{mn}{100} = \frac{76 \times 25}{100} = 19$

$m = 50$，75 的情况下，同前面情况一样，也是不可能的。所以 $n = 76$，$m = 25$。

这时也是 $h = \frac{mn}{100} = \frac{25 \times 76}{100} = 19$

所以无论是哪种情况，安打数都是 19 个。

38的解答&解说

A 校获得了跳高项目的优胜。

一共有 5 个项目的比赛。1，2，3 名的分数分别是 5 分、2 分和 1 分。

三个学校的分数一共是 22 + 9 + 9=40，每个项目的分数相加，总分应该在 6(=1 + 2 + 3)分以上。

40=8×5=10×4=20×2=40×1，这样就会有三种可能性：总分是 8 分的 5 个项目，总分是 10 分的 4 个项目，总分是 20 分的 2 个项目。

ⅰ)总分是 8 分的 5 个项目

最后一名的分数如果是 2 分的话，第二名的分数最少是 3 分，8-2-3=3，说明第一名的分数不比第二名的多，所以最后一名的分数应该是 1。

那么第一名和第二名的分数应该分别是 5 分和 2 分或者是 4 分和 3 分。

在 4 分和 3 分这种情况下，B 校除了铅球项目之外的 4 个项目即使都是最后一名，4 + 1 + 1 + 1 + 1=8 < 9，不可能。所以只能是 5 分和 2 分这种情况。

A 校得了 22 分，只能是 2 + 5 + 5 + 5 + 5=22 分，结果用图表表示如下：

	铅球	跳高	?	?	?	总分
A	2	5	5	5	5	22
B	5	1	1	1	1	9
C	1	2	2	2	2	9

所以获得跳高第一名的是 A 校。

ⅱ)总分是 10 分的 4 个项目

最后一名的分数是 2 分的话，第一名的分数在 4 分以上。

B 校只有铅球一项得了第一，即使剩下的 3 个项目都是最后一名，4 + 2 + 2 + 2=10，也不会出现 9 分。所以最后一名的分数应该是 1 分。

此时B校如果想得9分，第一名的分数就不能超过6分。

$$7+1+1+1>9$$

如果第一名是6分的话，第二名是10-1-6=3分，这种情况下，即使A校铅球得第二名，剩下三项都得第一名，6＋6＋6＋3=21＜22，不可能。

第一名的分数比6小的话，也是一样不成立，所以排除总分是10分的4个项目这种情况。

ⅲ）总分是20分的2个项目

B学校在一个项目上拿了第一名，总分也不过只有9分，所以每个项目第一名的分数不能超过7分。

所以没有办法能使A校得22分，所以这种情况也不可能。

39的解答&解说

5×7-5-7=23是不能支付的最大金额。

从24开始，24=5＋5＋7＋7，25=5＋5＋5＋5＋5，26=5＋7＋7＋7，27=5＋5＋5＋5＋7，28=7＋7＋7＋7。

从29元以后，在24~28的基础上一直加5元即可。

对于互为质数的两个自然数p，q来说，pq-p-q不会以p，q之和的形式出现。比它大的自然数都可以以p，q之和的形式出现。

一般来说，我们把“不能以n个自然数a_1，a_2，…，a_n之和的形式出现的最大自然数N=g(a_1，a_2，…，a_n)”的问题叫做“frobenius的硬币问题”。

以上内容是n=2时解答的，数学家Sylvester在1884年第一次证明了它。

大约100年后，Selmer和Beyer证明了n=3时的情况，可n=4时的情况至今没有解决。

Erdos和Graham证明了$g(a_1, a_2, \cdots, a_n) \leqslant 2a_{n-1}\frac{a_n}{n}-a_n$。

这道题从不同的角度考虑有很多种结果。

40的解答

A 问 B 是否比自己吃得多，B 回答说不知道。从这点可以看出，B 吃的苹果的个数多于 1 个，即 B 至少吃了 2 个。

从 C 回答 B 的问题说不知道，可以看出 C 吃的苹果多于 2 个，即 C 至少吃了 3 个。所以 A、B、C 三人吃的苹果最少也是 1 + 2 + 3 = 6 个。

那么 D 可以吃的苹果最多也是 5 个。

如果 D 吃了 4 个苹果的话，A、B、C 三人就要分吃 7 个苹果。这样，D 就无法知道谁吃了几个苹果。

因此 D 能够准确知道苹果个数的唯一情况就是 D 吃了 5 个苹果，A、B、C 分别吃了 1 个，2 个和 3 个苹果。

41的解答

倒数之和为 1 的三个数是(3，3，3)，(2，4，4)，(2，3，6)。

如果 A 有 4 块或是 6 块糖的话，即使不知道剩下两个人都有几块糖，也能知道两个人糖块数的和只能是 2 + 4 = 6 块或者 2 + 3 = 5 块，这样就可以知道糖块的总数了。

可是 A 说不知道总数，那么 A 就是有 2 块或 3 块糖。

如果 B 有 2 块糖的话，A 就有 2 块或是 3 块，那么 B 就知道三个人每人的糖数分别是 3 块，2 块和 6 块。

可是 B 只知道糖块总数，因此 B 的糖数不是 2 块。

如果 B 有 3 块糖的话，三个人的糖块数分别是(3，3，3，)或(2，3，6)，那么无法确定糖块总数是 9 块(9 = 3 + 3 + 3)还是 11 块(11 = 2 + 3 + 6)。

如果 B 有 4 块糖的话，A 有 2 块或 3 块，那么就只有(2，4，4)这一种情况。

这样的话，B 就能知道三个人分别有几块糖了。

如此看来，我们知道 B 有 6 块糖。这种情况下，B 就能够知道 A 和 C 的糖数总和是 5 块（5=2 + 3），却不知道 A 和 C 分别有几块糖，因此满足条件。

因为 B 有 6 块糖，那么 C 的糖块数只能是 2 块或者 3 块。从 C 的角度来看，自己有 2 块的话，A 就有 3 块。自己有 3 块的话，A 就有 2 块，这样就知道三个人各自有几块糖了。所以糖块总数是 2 + 6 + 3=11 块。

42的解答

把 6 个格子分别标上 0，1，2，…，5。

想一下把围棋子移动后的格子上的数字加起来除以 6 后的余数。

首先，最初状态，所有格子里都有围棋子，0 + 1 + … + 5=15 除以 6 后的余数是 3。

因为围棋子按相反方向移动相同格数，所以无论怎样移动，都能使和除以 6 后的余数相同。

如果 6 个棋子都移动到同一个格子里的话，那时的和肯定是 6 的倍数，余数为 0。这和最初的余数是 3 不一致，所以不可能发生。

因此 6 个棋子不可能全都移动到一个格子里。

43的解答&解说

左右对调的情况除外只有如下一种方法。

⑥ ⑭ ⑮ ③ ⑬

⑧ ① ⑫ ⑩

⑦ ⑪ ②

④ ⑨

⑤

摆到 6 层……

大家不会在想口袋小球上的数字只到 15 吧?

从球的奇偶着眼，我们就会知道不可能摆到 6 层。

用 21 个球摆 6 层的话，最上面一层如下所示：

ⓔ ⓔ ⓔ ⓞ ⓔ ⓞ

ⓔ 代表偶数球，ⓞ 代表奇数球。如此推断下面的球应该是：

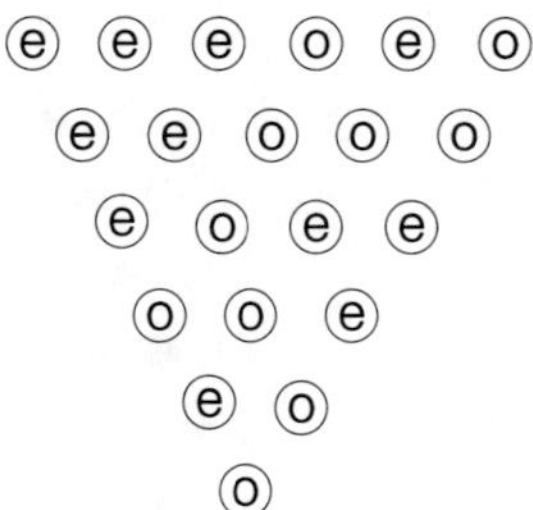

出现了 11 个 ⓔ ，也就是有 11 个偶数球，这是不可能的。

因为 1 到 21 的偶数只有 10 个。用这种方式我们就会知道不可能摆到 6 层。

利用奇偶看看能不能摆到 6 层。一个一个数的话太麻烦，再加上如果层数再变多，就更麻烦了。

我们可以想一下下面的方法。先是摆 21 个球：

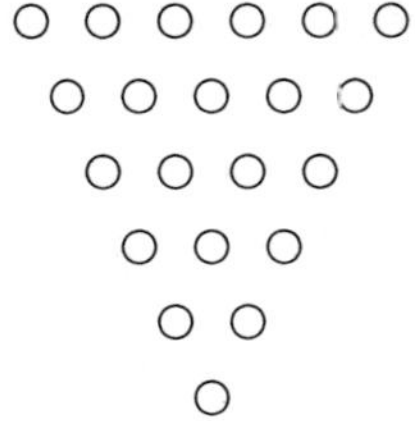

把最上一行最右边球的奇偶对调一下，那么下方变换如下：

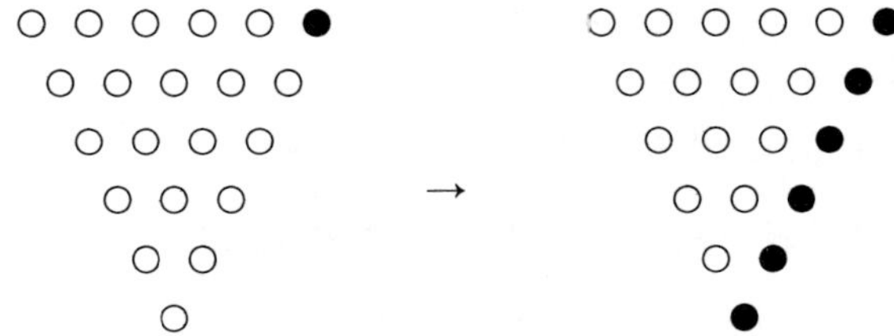

上图中○表示奇偶没有改变，●表示奇偶改变了。即 21 个球中有 6 个改变了奇偶。

第一行如果变成○○○○●○的话，就会变成下图：

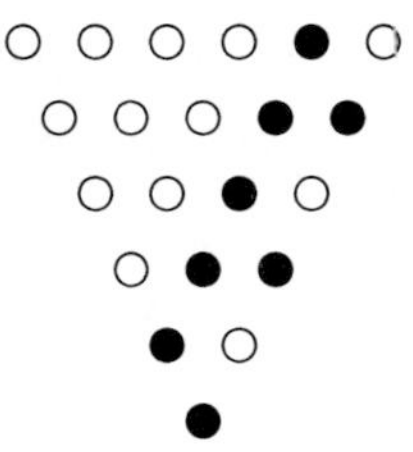

即 21 个球中有 8 个改变了奇偶。

再一次，如果第一行变成○○○●○○的话，又会变成右图：

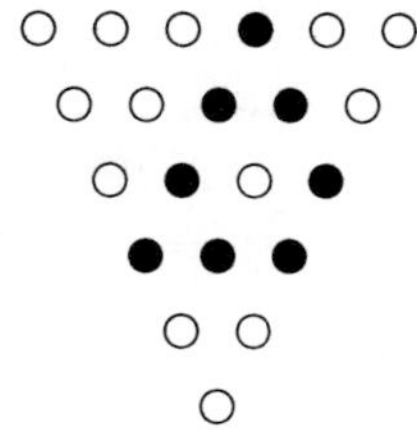

这次也是有8个改变了奇偶。

除此之外，第一行可变换的方法还有很多，我们只举出以上3个例子。

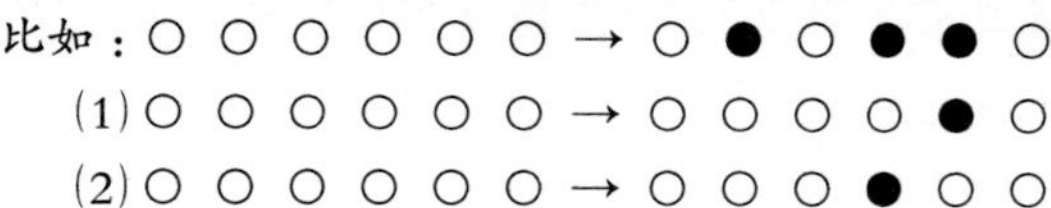

那么○ ○ ○ ○ ○ ○ → (1) ○ ○ ○ ○ ● ○

→(对称)→○ ● ○ ○ ○ ○

→(2)→○ ● ○ ● ○ ○

→(1)→○ ● ○ ● ● ○

和最一开始相比，(1)改变了8次奇偶，在这个基础上又改变了8次，最后，(2)改变了8次奇偶。

我们虽然不能准确知道这种变化有几次，但每次变化的次数都是偶数，从而可知整体变化的次数也是偶数。即，无论最上面一行怎样变换，全部21次奇偶的变化只能是偶数个。

但是，最上面一行都是偶数的情况下，21个全都是偶数，所以有奇数个偶数。现在无论怎样把最上一行的偶数球换成奇数球，偶数的个数不会变，仍然是奇数个。但是1～21中的偶数是偶数个，矛盾。

所以不能摆到6层。用同样的方式思考得知，也不可能摆到7，8，9，10，11，12，13层。

※KIDS bbs上Whiz先生的解答。

作为参考，如果想摆2层，最上面一行是①③或者②③，摆三层的话，是①⑥④，④①⑥，②⑥⑤，⑤②⑥，摆四层的话，是⑥①⑩⑧，⑥⑩①⑧，⑧③⑩⑨，⑧⑩③⑨。(下面那些层不用再一一表示出来了吧？)

44的解答

全都重新变回了异教徒。

首先想这样一个简单的例子。

传教士 A 先到岛上改变所有村落的宗教信仰后重新回到 A 村，这个传教士死后 A 村重新还原成异教徒。

之后 B，C，D，…，Z 到达，剩下的 25 个传教士陆续到达后陆续死亡，整个岛都还原成了异教徒。

当然是这样吧?

从各个村落的角度来看，不管传教士是以怎样的顺序到来，都和这个“简单的例子”是一样的。

比如传教士 A 和 M 同时来到岛上，他们按照顺序让村落改变信仰，A 在 M 村死去，M 在 A 村死去。从 A 村的角度来看，第一次来了一个传教士。不久后又来了一个，他们就把他杀死。从 M 村的角度来看，也是同样的道理。即从两个村庄的角度来看，这和从自己村庄出发的传教士重新回来是一样的。反正外国人的脸看起来都差不多。

所以，传教士 A 和 M 来到岛上又死去的过程，和传教士 A 先来到岛上改变所有村落的宗教信仰后重新回到 A 村又死去后 M 再来到岛上是一样的。

这样想的话，结果只能是所有的村落都还原回了异教徒。

45的解答

前四幅图分别和其他四幅图相比，都各自有一个不同点。

也就是说，只有第一幅图的底色不是白色，只有第二幅图没有小圆，只有第三幅图不是四个角，只有第四幅图没有边框。

相反，第五幅图同时具有前面四幅图都有的特点。

从这一点来看，虽然感觉有点荒谬，但是最后一幅图和其他四幅图是最不相同的。

换一个方法，把这五幅图的四个不同点用O，X来表示，如下：

一目了然，最后一幅图最不相同。

46的解答

在红色、蓝色和黄色上标上不同的三个数 r、b 和 y。

如果求各珠子上的数减去它后面珠子上的数的乘积的话，珠子的最初位置是：

rbrb…rby

所以乘积是(r - b)(b - r)…(r - b)(b - y)(y - r)。

现在要改变一个珠子的颜色，上式中连续两个括号的正负不变或者两个都变，所以整个式子的正负总是一样的，即正负是不变量。

可是，希望珠子的最终位置是：

rbrb…ryb

那么乘积就应该是(r - b)(b - r)…(r - y)(y - b)(b - r)，这样一来，就和最初的正负相反。

所以这是不可能的。

※ 这道题是美国数学奥林匹克竞赛题。

47的解答&解说

A 学校—朴老师—音乐

B 学校—崔老师—数学

C 学校—金老师—英语

D 学校—李老师—语文

并且金和李是夫妻，崔和朴是夫妻。

这种类型的题，在如下图的表格中根据条件用○ × 标注，会比较轻松地得出答案。

	A	B	C	D	语	英	数	音
金								
李								
朴								
崔								
语								
英								
数								
音								

金老师和语文老师是夫妻。

→可知金老师不教语文,在“金”和“语”对应格子(简写为“金—语”,下同)中画“×”。

A 学校老师和数学老师是通过李老师的介绍结婚的。

→ A —数：×，A —李：×，数—李：×

朴老师是 B 学校老师的妻子。

→朴—B：×

D 学校老师不教英语。

→ D —英：×

李老师和崔老师同期入的伍。

崔老师的妻子教音乐。

→崔—音：×

用 × 表示的图表如下：

	A	B	C	D	语	英	数	音
金					×			
李	×						×	
朴		×						
崔								×
语								
英				×				
数	×							
音								

到现在还有没用上的条件。

把“李老师和崔老师同期入的伍”和“崔老师的妻子教音乐”两个联系起来，可以从“李老师和崔老师不是夫妻”中得出：李—音：×

相信大家都知道这一点：李老师虽然可以是女兵出身，但是一说到同期入伍，一般来说都是指男性。

还有，我们可知这道题中的登场人物的性别分别是：李老师（♂），崔老师（♂），朴老师（♀），崔老师的妻子（♀）。

到此，我们可以得出一个结论，剩下的一个人物金老师是崔老师的妻子，或者朴老师和崔老师的妻子是同一人。

假如“金老师就是崔老师的妻子”的话……

金老师和语文老师是夫妻。

→崔—语：○

A 学校老师和数学老师是通过李老师的介绍结婚的。

→因为经李老师介绍结婚的是：“金—崔”这一对，崔—语：○。

所以，A—崔：○；数—金：○

朴老师是 B 学校老师的妻子。

→朴老师和李老师只能是夫妻关系，所以 B—李：○

崔老师的妻子教音乐。

→金—音：○

但是现在出现了“数—金：○”和“金—音：○”这两个相矛盾的结果，所以可知，金老师不是崔老师的妻子。

因此，崔老师的妻子是朴老师。再重新看一下条件：

金老师和语文老师是夫妻。

→金老师只能和李老师是夫妻，所以李—语：○。

A 学校老师和数学老师是通过李老师的介绍结婚的。

→因为经李老师介绍结婚的是："崔—朴"这一对，所以，A—崔：○；数—朴：○或者是 A—朴：○；数—崔：○。

朴老师是 B 学校老师的妻子。

→崔—B：○。

崔老师的妻子教音乐。

→朴—音：○。在崔—朴这对情侣可能的组合中，A—朴：○，数—崔：○。

	A	B	C	D	语	英	数	音
金	×	×			×	O	×	×
李	×	×			O	×	×	×
朴	O	×	×	×	×	×	×	O
崔	×	O	×	×	×	×	O	×
语								
英				×				
数	×							
音								

因为朴— A —音，崔— B —数，填满学校和科目这一栏。

	A	B	C	D	语	英	数	音
金	×	×			×	O	×	×
李	×	×			O	×	×	×
朴	O	×	×	×	×	×	×	O
崔	×	O	×	×	×	×	O	×
语	×	×						
英	×	×		×				
数	×	O	×	×				
音	O	×	×	×				

上表中，英— C : ○，所以语— D : ○，把剩下的空格填满。

	A	B	C	D	语	英	数	音
金	×	×	O	×	×	O	×	×
李	×	×	×	O	O	×	×	×
朴	O	×	×	×	×	×	×	O
崔	×	O	×	×	×	×	O	×
语	×	×	×	O				
英	×	×	×	×				
数	×	O	×	×				
音	O	×	×	×				

所以，我们可以得出如下结论：

A 学校—朴老师—音乐

B 学校—崔老师—数学

C 学校—金老师—英语

D 学校—李老师—语文

并且金和李是夫妻，崔和朴是夫妻。

48的解答&解说

如果第1句话是真话，那么从第2句到第10句这9句话中只有一句是假话。但是这9句中不可能同时有两句是真的，所以矛盾。

如果第2句是真话，因为第1句明摆着是假话，所以第3句到第10句这8句话中有一句是假话。可是这8句当中也不可能同时有两句是真的，还是矛盾。

如此想来，到第8句为止都是矛盾的。

假设第9句是真话。这种情况下，第1句到第8句都和第9句矛盾，当然都是假的，第10句也是假的，所以第9句是真话。

第10句当然不是真话，结果答案是第9句。

但是……

到这儿还没说完呢！

在一般的谜题书上都会看到“只有第9句是真话”的这个答案，事实上，这并不是正确答案。

有哪句话出现时，它就一定是真的或是假的呢？

不是那样的。

这句话是假的

上面这句话，真的也矛盾，假的也矛盾，但是这句话还是存在的。

不能明确指出句子是真是假，也就是说无法假设这句话的真实性。因此这道题准确的答案应该是“如果确定10句话的真假，那么第9句是真的，但是这10句话既不是真的也不是假的。”

这看起来很牵强，但是这种问题在逻辑学上会进行严格的讨论。

49的解答&解说

7 号球。

1 号球涂成黑色的情况只可能有下列 3 种：

1	2	3	4	5	6	7	8
●	●	○	○	●	●	○	○
●	○	●	○	○	●	○	●
●	○	○	●	●	○	○	●

下面是 Cdpark 先生的答案。

情况 1

2 号是●的话，1 ●—2 ●—3 中，3 号肯定是○！

情况 1-1

4 号是●的话：

2●—4●—6？→ 6○，1●—4 ●—7？→ 7○，

5？—6 ○—7○→ 5●，6○—7○—8？→ 8●，

但是，此时 2●—5●—8●矛盾。

情况 1-2

4 号是○的话：

因为 3○—4○—5？→ 5●，所以 2●—5●—8？→ 8○

4○—6？—8○→ 6●，5●—6●—7？→ 7○

所以：

1	2	3	4	5	6	7	8
●	●	○	○	●	●	○	○

情况 2

2 号是○的话：

情况 2-1

3 号是●的话：

因为 1●—3●—5？→5○，所以 2○—5○—8？→8●

情况 2-1-1

4 号是●的话：

因为 1 ●—4 ●—7？→7 ○，5 ○—6？—7 ○→6 ●，

所以 4 ●—6 ●—8 ●矛盾。

情况 2-1-2

4 号是○的话：

因为 2○—4○—6? →6●，6●—7 ?—8 ●→7○

所以：

1	2	3	4	5	6	7	8
●	○	●	○	○	●	○	●

情况 2-2

3 号是○的话：

因为 1●—4●—7? →7○，所以 3 ○—5 ?—7 ○→5 ●

4 ●—5 ●—6？→6 ○，6 ○—7 ○—8？→8 ●

所以：

1	2	3	4	5	6	7	8
●	○	○	●	●	○	○	●

因此一定不能涂成黑色的是 7 号球。

如果有 9 个乒乓球的话怎么办？

我们想象一下，在 8 个球可能的三种情况后面再追加一个球。无论是白球还是黑球，都能找到相同间距的三个球。

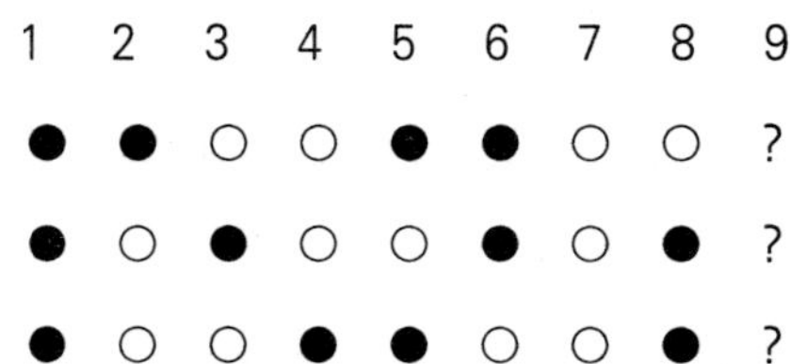

换句话说，两种颜色的球总会有三个球以相同间距分隔时，最少要有 9 个球。

扩大范围，把它一般化，a 种颜色的球总会有 b 个球以相同间距分隔时，最少要有 w(a，b) 个球。上述情况就是 w(2，3)=9。

荷兰数学家范·德·瓦尔登(Van der Waerden)向我们展示了对于所有自然数 a、b，总会存在这样的 w(a，b)，但是至今许多数学家仍在求解具体的值。

Chvatal 求解出了 w(2，3)=9 和 w(2，4)=35，w(3，3)=27；Stevens 和 Shantaran 求出了 w(2，5)=178；Beeler 和 O'neil 解出了 w(4，3)=76。其他情况至今未解。

我们把 w(a，b) 进一步一般化，a 种颜色的球总会有 b_1，b_2，…，b_a 当中的一个球以相同间距分隔时，最少要有 w(a，b_1，b_2，…，b_a) 个球。

换个符号表示：$w(a, b) = w(\underbrace{a; b, b, \cdots, b}_{a个})$

这种情况也有几种解答：

w(2；3，4)=18，w(2；3，5)=22，w(2；3，6)=32，w(2；3，7)=46，w(2；4，5)

w(2；3，8)=58，w(2；3，9)=77，w(2；3，10)=97，w(2；4，6)=73

w(3；3，3，4)=51 等。

除此之外，包括 Erdos 在内的许多数学家发现了许多关于 w(a，b_1，b_2，…，b_a) 的不等式。但是，这些都是至今未解的谜题。

50的解答

地球是圆的，我们可以想一下顺着反方向飞，迎接地球一圈中的飞机。

在基地把燃料加满的三架飞机出发，到达$\frac{1}{8}$圈处。①

在这里，一架飞机把剩下的燃料分给剩下的两架，一架飞回基地，另两架向$\frac{1}{4}$处飞去。②

到达$\frac{1}{4}$处时，两架飞机都有$\frac{3}{4}$的燃料。其中一架飞机的燃料加满后，燃

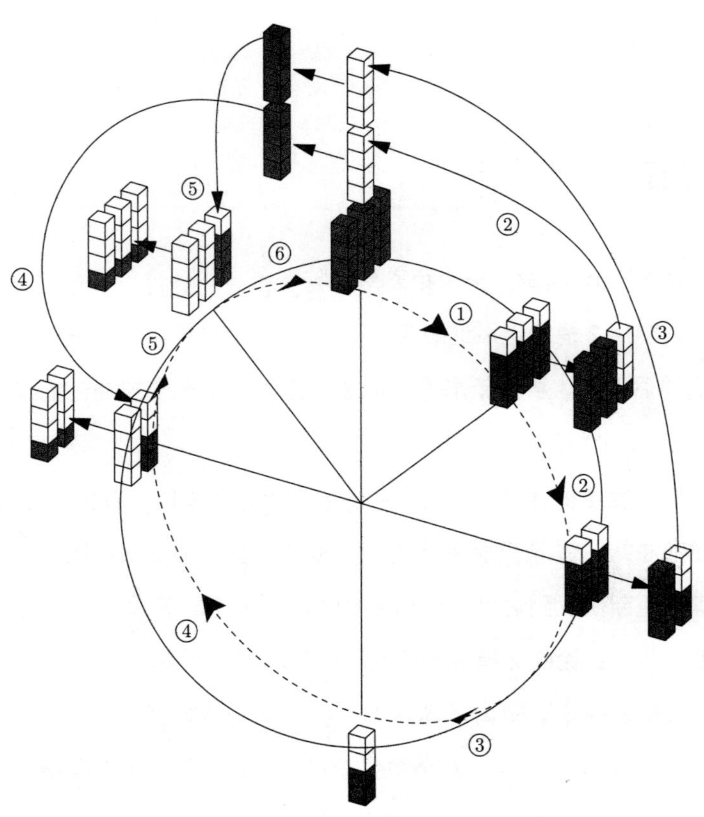

料为 $\frac{1}{2}$ 的飞机飞回基地，装满燃料的飞机继续向 $\frac{1}{2}$ 处飞行。③

$\frac{1}{2}$ 处的飞机向 $\frac{3}{4}$ 处飞去，从基地加满油的一架飞机从反方向飞来补给这架飞机。④

两架飞机相遇时一架燃料已经用尽，一架还剩下 $\frac{1}{2}$ 的燃料。平分了燃料后一起向 $\frac{7}{8}$ 处飞去。从基地加满油的另一架飞机补给这两架飞机。⑤

三架飞机相遇时，有两架的燃料全都耗尽，一架有 $\frac{3}{4}$ 的燃料。每架飞机分得 $\frac{1}{4}$ 的燃料后，再一起飞回基地就可以了。

51的解答

我们把 500km 叫做“一个距离单位”。

首先，想用 2 桶油走最远距离的话，在 $\frac{1}{3}$ 个单位距离处设置一个加油站，留下 $\frac{1}{3}$ 桶油后返回，再重新加满 1 桶油。因为在第一个加油站能加满油，所以最多能走 $1\frac{1}{3}$ 个距离单位。

用 3 桶油能走多远呢？能走 $1+\frac{1}{3}+\frac{1}{5}$ 个距离单位。首先，在 $\frac{1}{5}$ 个单位距离处建加油站，留下 $\frac{3}{5}$ 桶油后返回。如此反复，加油站可以有 $\frac{6}{5}$ 桶油。

装满油重新出发到达第一个加油站时，卡车还剩下 $\frac{4}{5}$ 桶油。装 $\frac{1}{5}$ 桶油后，接下来就和前面讨论的 2 桶油的情况一样了。(现在卡车上 1 桶，加油站 1 桶)

3 桶油能走的最远距离是 $500(1+\frac{1}{3}+\frac{1}{5})=766\frac{2}{3}$ km，还剩下 $33\frac{1}{3}$ km。这是 $\frac{1}{15}$ 个距离单位。在 $\frac{1}{15}$ 个距离单位处设一个加油站留下 $2\frac{1}{15}$ 桶油。这样加满油的卡车出发到达第一个加油站时，卡车里剩的油和加油站的油加起来正好是 3 桶。

之后可以在加油站留下$\frac{13}{15}$桶，1 桶往返两次加$\frac{13}{15}+\frac{13}{15}=\frac{26}{15}$，下次往返的时候加$\frac{7}{15}$桶，留下$\frac{3}{15}$桶即可。然后再用 1 桶出发就可以了。

因此，所需要的最小油量是$1+1+\frac{7}{15}+1=3\frac{7}{15}$桶。

52的解答

如图所示，做 BC 的垂线 BF，并使 BF = BC，再连接 EF 和 DF，那么四边形 BCEF 就是正方形。因为 BD = BC，所以 BD = BF，而∠DBF = 60°，那么△BDF 是正三角形，继而可以得知△DFE 是等腰三角形。

那么∠DEF = (180° - 60° - 90°) ÷ 2 = 15°

所以∠CED = 90° - 15° = 75°。

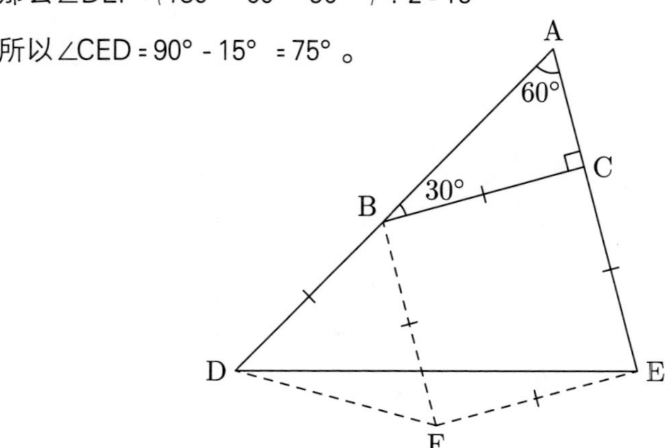

53的解答

如下图所示，把正方形以点 B 为旋点向左旋转 90° 。

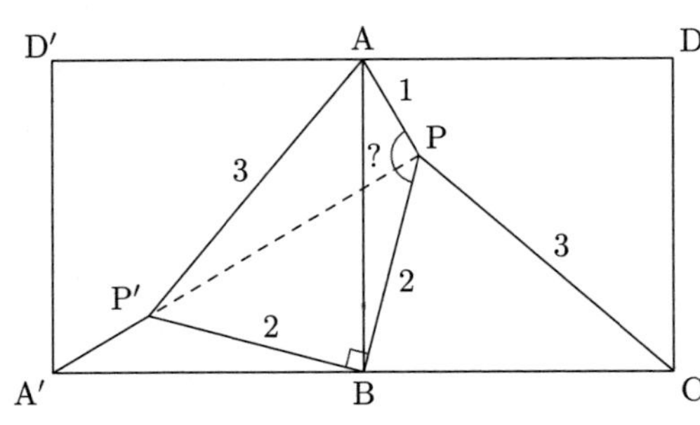

左图中∠PBP′ = 90° ，所以，$PP' = 2\sqrt{2}$。

又因为 $(2\sqrt{2})^2 + 1^2 = 3^2$，所以∠APP′ = 90° 。

所以，∠APB = 90° + 45° = 135°

※ 这是马丽尔·科莱金(Murray Seymour Klamkin)的解答。

54的解答

假想一下狼把一只猎狗当成目标跑去，那么猎狗最少要以$\sqrt{2}$ 倍的速度合力防守。

快$\sqrt{2}$ 倍的情况下，如图，猎狗沿着边移动就可以封锁住狼的逃跑路线。

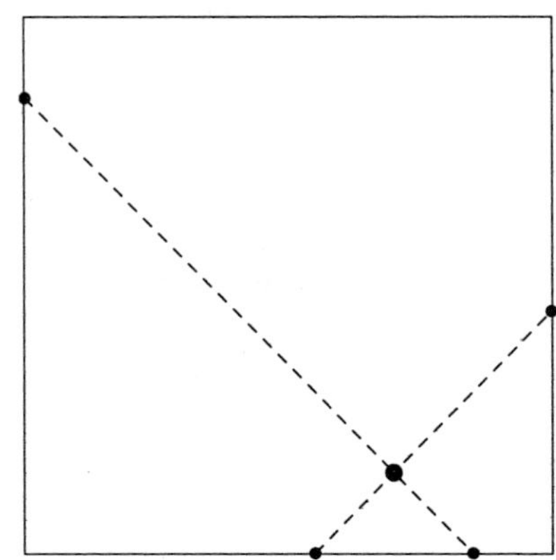

55的解答

船不管怎么划，只要使湖的中心O、姑娘和流氓三者在一条直线上即可。

姑娘以点P为圆心画一个圆，船划到C点时，流氓来到了B点（$OP=\frac{1}{8}OA$。）

现在朝D点划船的话，流氓无论从哪一边追过来，都是姑娘先上岸。

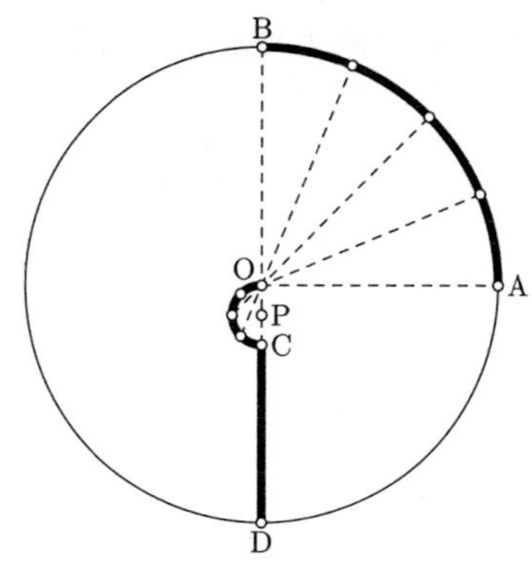

56的解答

把两个小的三角形各旋转60°，使正三角形的三条边重合。既然底边一样长，那么比较三个三角形的面积时，只比较它们的高就可以了。

三个三角形都是直角三角形，所以它们有同一个外接圆。A、B、C每两点与圆心各形成120°（180° -60°）的圆心角。

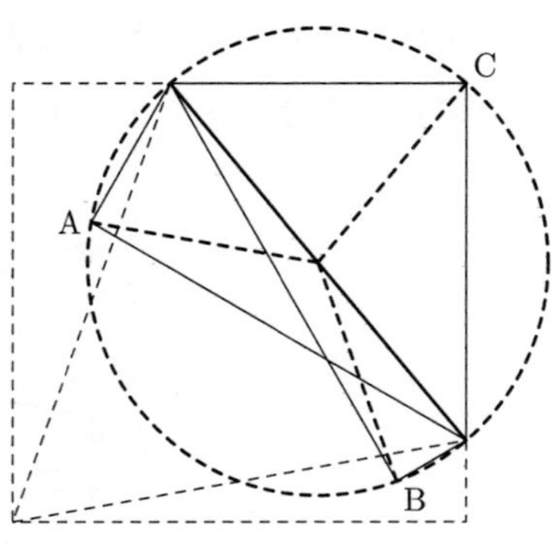

把这个圆的圆心放到一根垂直的针上，它不会向任何一边倾斜。从经过圆心的线（粗线）的角度来看，就可以知道两个小三角形的高的和与大三角形的高相等。

所以无论选哪一种都是一样的。

当然，我们也可以不从这种数学的角度分析。从这道题的用意上，我们设想一下正三角形的一条边和长方形的一条边相等这种极端现象，也能够得知两块小的土地面积和一块大的土地面积是一样的。

57的解答

如图所示移动位置的话，其实是一个边长为 2 的正方形的一部分。

所以面积是 $2\times2-\frac{1}{2}\times1\times2=3$ 。

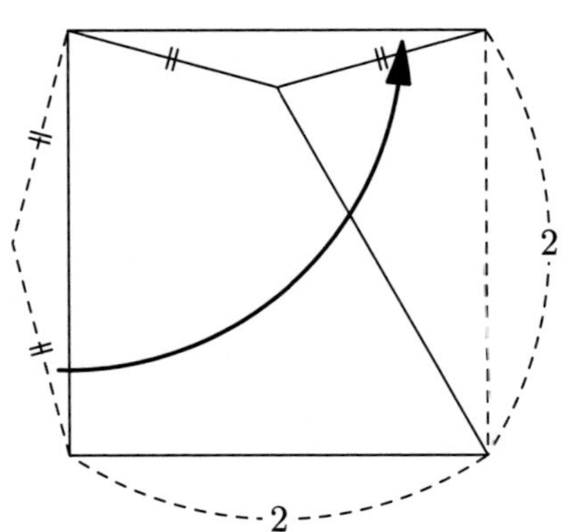

58的解答

我们把它想成三个球放在平面上。

这样一来，公切线的交点就是由和两个球相切的线形成的圆锥的顶点。三个顶点都在这个平面上。

现在再来想一下经过这三个球心的平面。

经过两个球心的直线属于这个平面，前面说的三个圆锥的顶点也在这个平面上。

三个顶点同时属于圆锥顶点形成的平面和经过球心的平面，两个平面相遇的部分是一条直线，所以三个圆锥的顶点在一条直线上。

现在想象一下经过球心平面的横截面，它就是原题中的那幅图。

59的解答&解说

问题一：

如下 6 种是可能的。

(3，7，42)，(3，8，24)，(3，9，18)，(3，10，15)，(4，5，20)，(4，6，12)

问题二：

如下情况是可能的。

三个：(3，7，42)，(3，8，24)，(3，9，18)，(3，10，15)，(3，12，12)，(4，5，20)，(4，6，12)，(4，8，8)，(5，5，10)，(6，6，6)

四个：(3，3，4，12)，(3，3，6，6)，(3，4，4，6)，(4，4，4，4)

五个：(3，3，3，3，6)，(3，3，3，4，4)

六个：(3，3，3，3，3，3)

问题三：

最多可以用(3，4，6，16)四种正多边形覆盖。

问题一：

把它们分别叫做正p，q，r边形。那么正n边形的的一个内角的大小是180°×(n-2)/n。那么180°×(p-2)/p＋180°×(q-2)/q＋180°×(r-2)/r=360°。

$$即\ \frac{2}{p}+\frac{2}{q}+\frac{2}{r}=1$$

并且3≤p＜q＜r，此时：

$$\frac{2}{r}+\frac{2}{r}+\frac{2}{r}<\frac{2}{p}+\frac{2}{q}+\frac{2}{r}=1<\frac{2}{p}+\frac{2}{p}+\frac{2}{p}$$

所以p＜6＜r成立，p=3，4，5。

如果p=5，那么$\frac{2}{q}+\frac{2}{r}=\frac{3}{5}$，则10(q＋r)=3qr，变形后为(3q-10)(3r-10)=100。100的约数中3k-10，即被3除，余数为2的数只有2，5，20和50。所以必须是(3q-10，3r-10)=(5，20)。此时(p，q，r)=(5，5，10)，但是p，q，r应该互不相同，所以这种情况排除。

如果p=4，同理4(q＋r)=qr，因为(q-4)(r-4)=16，只可能是(q-4，r-4)=(1，16)，(2，8)，(p，q，r)=(4，5，20)，(4，6，12)。

如果p=3，6(q＋r)=qr，则(q-6)(r-6)=36。(q-6，r-6)=(1，36)，(2，18)，(3，12)，(4，9)。(p，q，r)=(3，7，42)，(3，8，24)，(3，9，18)，(3，10，15)

因此一共有6种可能。

(p，q，r)=(4，5，20)，(4，6，12)，(3，7，42)，(3，8，24)，(3，9，18)，(3，10，15)

问题二：

我们用上述的方法考虑三个在一起的情况，除了上述的6种情况之外，p=6时，(p，q，r)=(6，6，6)；p=5时，(p，q，r)=(5，5，10)；p=4时，从(q-4，r-4)=(4，4)中，得出(p，q，r)=(4，8，8)；p=3时，从(q-6，r-6)=(6，6)中，得出(p，q，r)=(3，12，12)

因此三个正多边形在一起的情况一共有10种。

现在我们来看一下四个正多边形在一起的情况。

n_1，n_2，n_3，n_4边形满足条件$n_1 \leqslant n_2 \leqslant n_3 \leqslant n_4$时，一定满足：

$$\frac{1}{n_1}+\frac{1}{n_2}+\frac{1}{n_3}+\frac{1}{n_4}=1$$

因为 $\frac{1}{n_4}+\frac{1}{n_4}+\frac{1}{n_4}+\frac{1}{n_4}\leqslant\frac{1}{n_1}+\frac{1}{n_2}+\frac{1}{n_3}+\frac{1}{n_4}=1\leqslant\frac{1}{n_1}+\frac{1}{n_1}+\frac{1}{n_1}+\frac{1}{n_1}$，
所以，$n_1\leqslant 4\leqslant n_4$ 成立。

因此只考虑 =3，4 就可以了。

检验各个情况后得出(3，3，4，12)，(3，3，6，6)，(3，4，4，6)，(4，4，4，4)，

用同样的方法，5 个和 6 个的答案分别是(3，3，3，3，6)，(3，3，3，4，4)和(3，3，3，3，3，3)。

问题三：

用前面问题答案中的(4，6，12)覆盖平面后，把正六边形分割成 6 个正三角形，这样就是(3，4，6，12)。

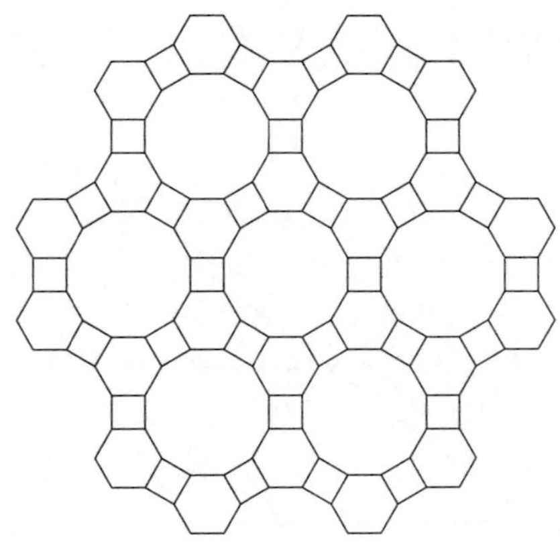

60的解答&解说

连接三边中点形成的三角形的内心就是所求的重心。

每条边的重量都集中在中点处，边长为 a、b、c 时，找到重量为 a、b、c 的三点的重心即可。

我们想一下经过重心的直线。三点不会向任何一边倾斜，如果如图所示经过 AB 中点的话，BC 和 CA 中点的力矩应该相同。

$$b \times \frac{a}{2} \sin\alpha = a \times \frac{b}{2} \sin\beta$$
$$\alpha = \beta$$

即角的平分线。从而得知，我们要找的点就是由原三角形的中点连接起来的三角形的内心。

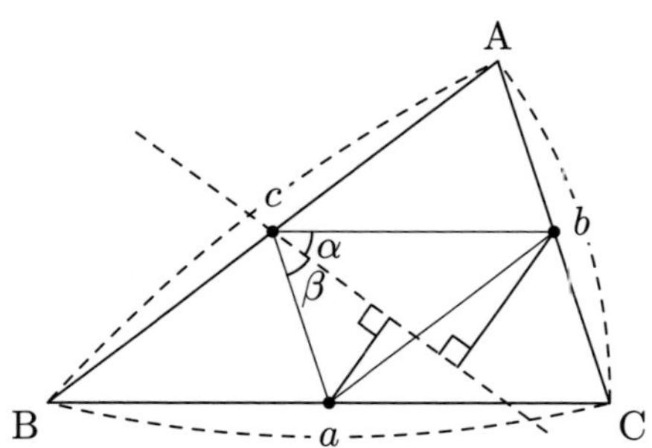

这个点叫做“Spieker 点”，连接三条边中点形成的三角形的内切圆叫做“Spieker 圆”。

61的解答&解说

边长为 8，12，18 的三角形和边长为 12，18，27 的三角形的三个角和两条边相同。

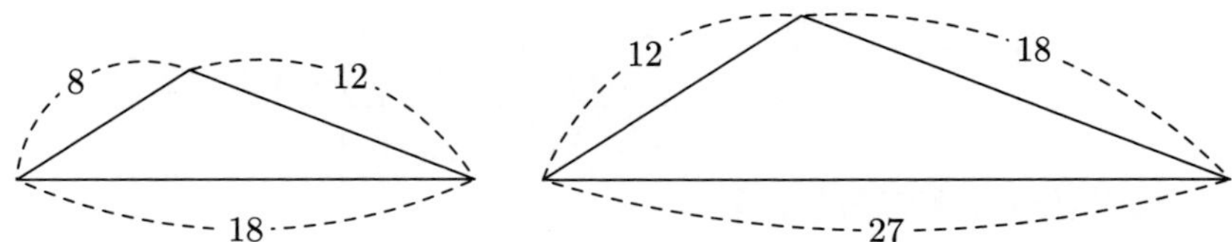

可以把两个五要素（即三个角和两条边）都相同的三角形的三边长分别设为 a、b、c 和 b、c、d（但 $a<b<c<d$）。

$a:b:c=b:c:d$，整理这个式子得到：

$$b^2=ac,\ c^2=bd \qquad ①$$

并且 a、b、c、d 要满足形成三角形的条件：

$$a+b>c,\ b+c>d$$

现在把①代入上述不等式，得出：

$$1<\frac{b}{a}=\frac{c}{b}<\frac{1+\sqrt{5}}{2}$$

满足这个条件的最小情况是：

$$a=8,\ b=12,\ c=18,\ d=27$$

作为参考，各边为整数的最小的锐角“5-con”三角形是 64，80，100 和 80，100，125。

62的解答&解说

下面是杜德尼分割成 6 块的答案。如左图剪切，如右图拼装。

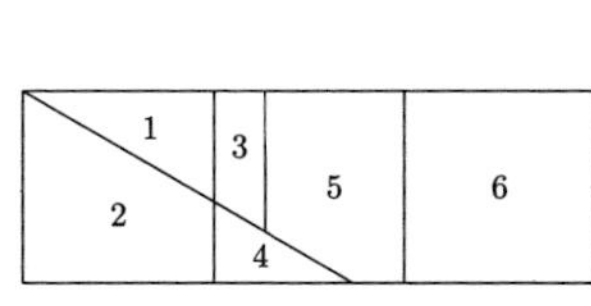

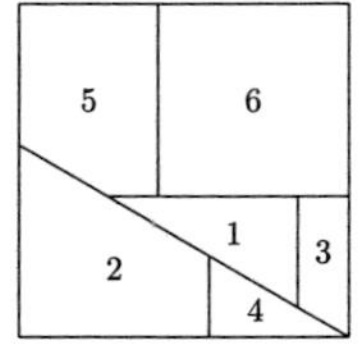

下面是作者分割成 6 块的答案。

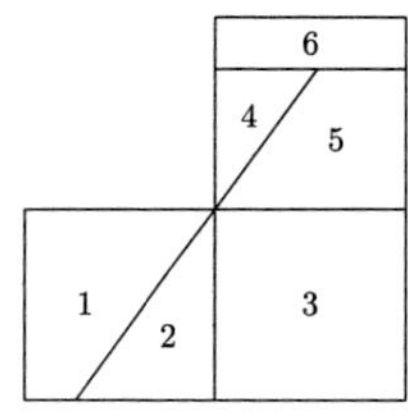

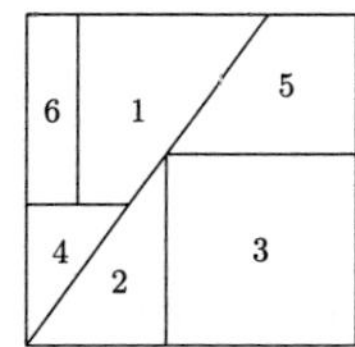

在 63 页出现的“杜德尼 VS 劳埃德”中也出现了相同的分割问题，就像这个图形，我们把它叫做“主教冠问题”。

这个问题中，杜德尼给出的分割成 5 块的答案，其实和分割三个正方形用 6 块拼成一个大正方形的答案是一样的。把 6 号正方形切成两半，放到左边的两个正方形上方即呈现出一个主教冠样子的图形。

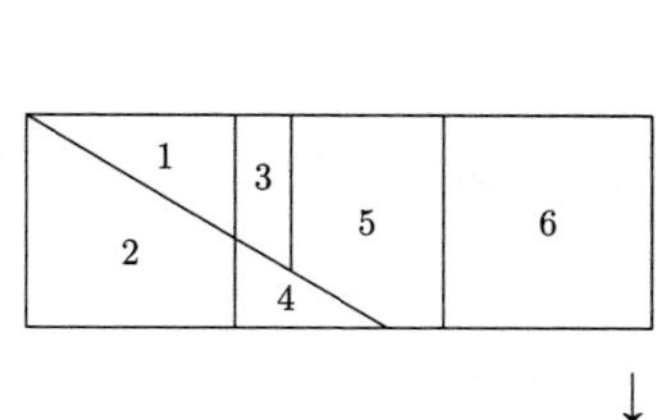

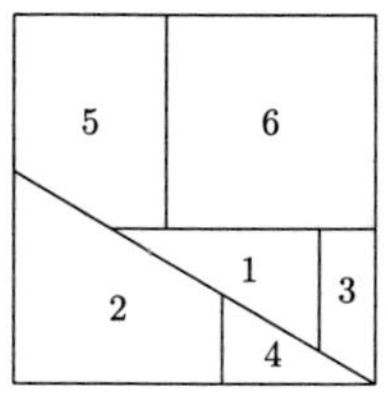

↓

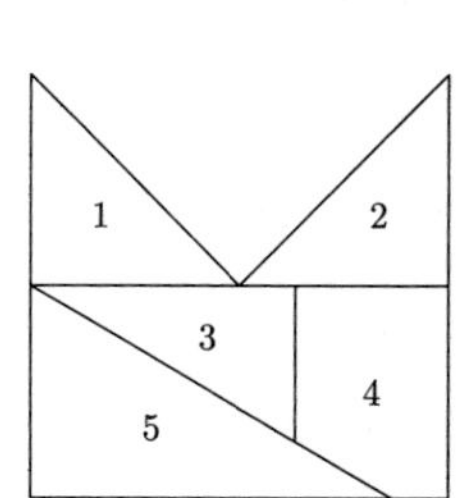

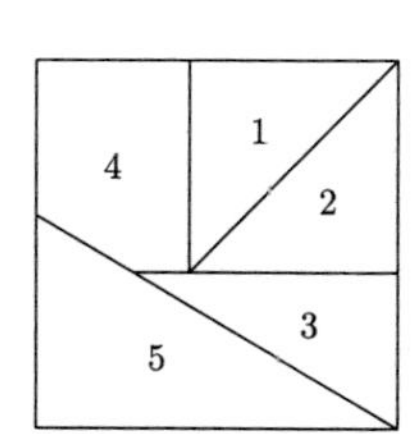

最近，米驰·格兰特(Mitch Gallant)在这个问题上又给出了一种新的分割成5块的答案。做得漂亮吧？

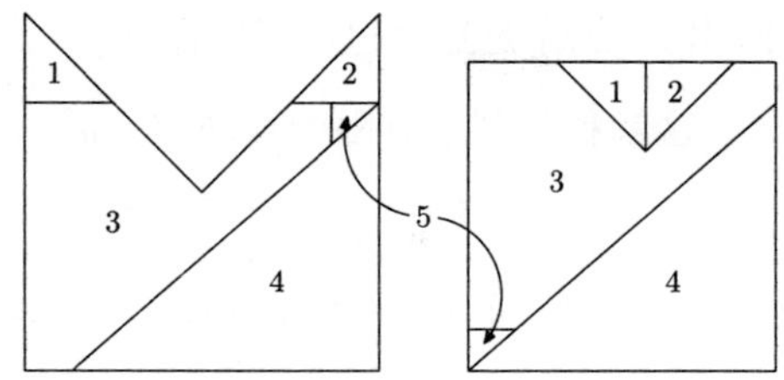

如果杜德尼的解答是对分割正方形答案的一种变形，那么我找到的这个分割正方形的方法可不可以看做是对主教冠问题答案的变形呢？当然可以。一种完全区别于杜德尼和格兰特的另外一种全新的解答问世了。

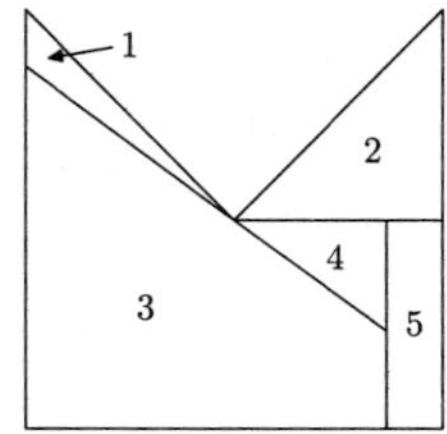

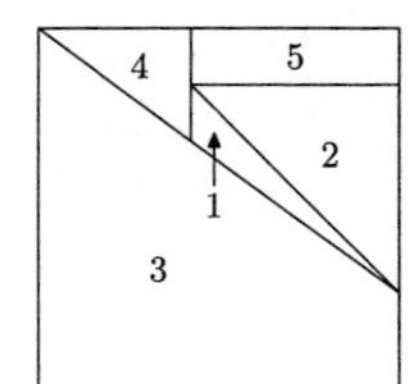

63的解答&解说

如果存在这种分割的话，那么正方体的六个面可以被分割成大小不同的正方形。我们来想一下正方形中最小的那一个。这个正方形旁边会有一个更大的正方形，所以它不能处于顶点或者是一条边上，肯定是在中间的某一个地方。

再来想一下以这个正方形作为一个面形成的正方体(我们把它叫做A)。它的周围包着更大的正方体。

所以我们可以把正方体A想象成一个处于底面上被其他正方体包围着的一个独立空间。

这个独立空间要被比A还小的正方体填满，在这些填充的正方体当中又出现了最小的一个正方体(我们把它叫做A′)。和前面说的一样，它也可以被想象成一个处于底边上的独立空间。用同样的方法又会再出现一个更小的正方体，结果是这个过程无限循环。

这就和分割成有限的几块相矛盾。最开始正方体就不能用这种方式分割。

下图是把一个大正方形分割成了 21 个互不相同的小正方形的图。

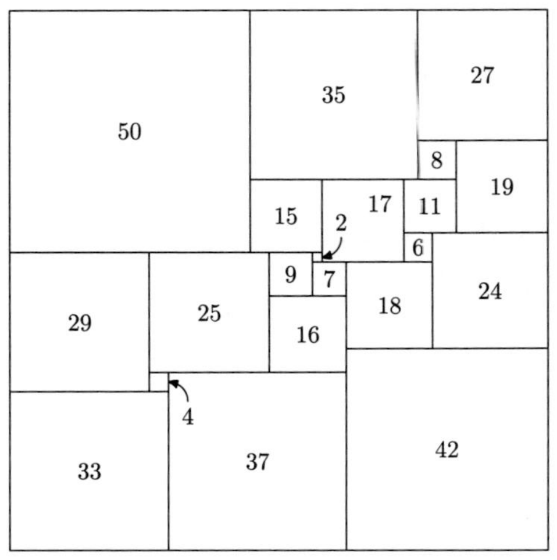

在这里，我给大家讲一个有意思的小故事。1948 年，威尔库克斯(F.G.Willcocks)发表了把正方形分割成 24 个互不相同的小正方形的方法，这种分割曾被学术杂志《组合理论期刊》(*Journal of Combinatorial Theory*)用于封面很长时间。

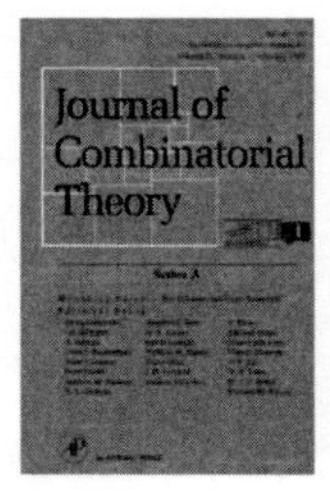

1978 年，Duijestijn 证明了最少可以分成 21 块，并做了实际分割。

当然，现在这个分割仍被用于《组合理论期刊》的封面。这个杂志分为 Series A 和 Series B 两种。

64的解答

最少能分成 7 个锐角三角形。

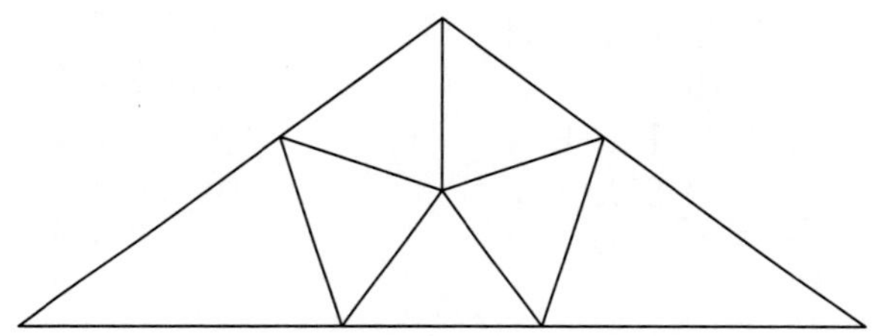

65的解答

SPAM + SPAM + SPAM + SPAM + SPAM + SPAM = EMAIL

7253 + 7253 + 7253 + 7253 + 7253 + 7253 = 43518

66的解答

FIVE	3209
SEVEN	59094
ELEVEN	969094
TWELVE	819609
FIFTEEN	3238994
+ TWENTY	+ 819487
SEVENTY	5909487

67的解答&解说

COFFEE + COFFEE + COFFEE = THEOREM

831199 + 831199 + 831199 = 2493597

注意一下 COFFEE 的最后两位 EE，很容易得知能够使 EE × 3 = xEM 的 E 只有 9。
这个覆面算就是 COFF99 × 3 = TH9OR9M。
为了使 THEOREM 的万位是 9，C_5 是进到万位的数，因为 $C_5 \leqslant 3$，所以有三种可能。
(O，C_5) = (3，0)，(6，1)，(9，2)，又因为 F = 9，所以我们检验前面两种情况就可以了。

ⅰ) O = 3，C_5 = 0 时
C3FF99 × 3 = TH93R9M，F = 1，没有数进到十万位，所以 T 只能等于 2。
此时算一下 C31199 × 3 = 2H93R9M，得出 831199 × 3 = 2493597。

ⅱ) O = 6，C_5 = 1 时
由于 C6FF99 × 3 = TH96R9M，F = 4。计算 C64499 × 3 后，得出 R = 4。不成立。

68的解答&解说

MANET + MATISSE + MIRO + MONET + RENOIR = ARTISTS

78436 + 7862553 + 7219 + 79436 + 134921 = 8162565

我们把进到十位，百位，千位……的数字依次叫做 C_2，C_3，C_4…，那么：

$$M + C_7 = A \quad (1)$$

$$A + C_6 = 10C_7 \quad (2)$$

$$2M + E + C_5 = 10C_6 \quad (3)$$

$$A + M + O + N + C_4 = 10C_5 \quad (4)$$

$$2N + I + O + C_3 = 10C_4 \quad (5)$$

$$2E + S + R + I + C_2 = 10C_3 + T \quad (6)$$

$$2T + E + O + R = 10C_2 + S \quad (7)$$

在(2)式中 $C_7=1$，

$$M + 1 = A \quad (1')$$

$$A + C_6 = 10 \quad (2')$$

(2′)中可知 $C_6 \geqslant 1$。

(4)式中，因为：

$$10C_5 = A + M + O + N + C_4 \leqslant 9 + 8 + 7 + 6 + 9 = 39$$

所以 $C_5 \leqslant 3$，这个结果用在(3)式的话，因为根据(1)式 M 不能是 9，所以：

$$10C_6 = 2M + E + C_5 \leqslant 2\times 8 + 9 + 3 = 28$$

C_6 应该是 1 或者 2。

可是如果 $C_6=1$ 的话，(1′)式和(2′)式中 $A=9$，$M=8$。

(3)式中 $E + C_5 = -6$。不可能，排除。

因此只检验 $C_6=2$，$A=8$，$M=7$ 的情况即可。

此时(3)式是 $14 + E + C_5 = 20$，所以 $E + C_5 = 6$。

在(4)式中，因为：

$$10C_5 = 15 + O + N + C_4 \leqslant 15 + 9 + 6 + 9 = 39$$

$$10C_5 = 15 + O + N + C_4 \leqslant 15 + 0 + 1 + 0 = 16$$

所以$(E, C_5)=(4, 2), (3, 3)$。

i）$E=4$，$C_5=2$ 时，

重新整理(4)-(7)式如下：

$$O+N+C_4=5 \tag{4}$$

$$2N+I+O+C_3=10C_4 \tag{5}$$

$$8+S+R+I+C_2=10C_3+T \tag{6}$$

$$2T+4+O+R=10C_2+S \tag{7}$$

在(7)式中，由于：

$$10C_2+S=2T+4+O+R \leqslant 2\times 9+4+6+5=33 \tag{7-1}$$

所以 $C_2 \leqslant 3$，把这个结果用在(6)式中的话，

$$10C_3+T=8+S+R+I+C_2 \leqslant 8+9+6+5+3=31 \tag{6-1}$$

$C_3 \leqslant 3$。如果 $C_3=3$ 的话，那么在(6-1)式中，$T=0, 1$，此时：

$$10C_2+S=2T+4+O+R \leqslant 2\times 1+4+6+5=17 \tag{7-2}$$

所以 $C_2 \leqslant 1$。

$$30 \leqslant 10C_3+T=8+S+R+I+C_2 \leqslant 8+9+6+5+1=29 \tag{6-2}$$

互相矛盾。又因为：

$$10C_3+T=8+S+R+I+C_2 \geqslant 8+0+1+2+0=11 \tag{6-3}$$

我们可知 C_3 是 1 或者 2。

现在把(4)式代到(5)式中。

$$5+N+I+C_3=11C_4 \tag{5-1}$$

(4)式中，无论 N 多大，都不能大于 5，所以上等式的左边不能比 $5+5+9+2=21$ 还大。因此 $C_4=1$。

那么 $O+N=4$，已知 $E=4$，所以$(O, N)=(1, 3), (3, 1)$。S，R，I，T 的值是 0，2，5，6，9 中的一个。

把不同的情况代入(5-1)式中，C_3 是 1 或者 2，则 $O=1$，$N=3$，$I=2$，$C_3=1$。

把这个值代入(6)式，则：

$$S+R+C_2=T \tag{6-4}$$

这种情况下 $S=0$，$R=5$，$C_2=1$，$T=6$，不能满足(7)式，所以 $E=4$，$C_5=2$ 不可能。

ii）$E=3$，$C_5=3$ 时

重新整理(4)-(7)式如下：

$$O+N+C_4=5 \tag{4}$$

$$2N+I+O+C_3=10C_4 \tag{5}$$

$$6+S+R+I+C_2=10C_3+T \tag{6}$$

$$2T + 3 + O + R = 10C_2 + S \qquad (7)$$

可知在(6)式和(7)式中 $C_2 \leqslant 3$，$C_3 \leqslant 2$。如果想 $C_3 = 0$，则 $C_2 = 0$，$T = 9$。根据(7)式，这是不可能的。

所以这次 C_3 还是 1 或者 2。

现在把(4)式代到(5)式中，

$$15 + N + I + C_3 = 11C_4 \qquad (5\text{-}1)$$

左边要小于 $15 + 9 + 6 + 2$，即 32；还要大于 $15 + 0 + 1 + 1$，即 17，所以 C_4 只能是 2。

$$所以\ N + I + C_3 = 7 \qquad (5\text{-}2)$$

$$O + N = 13 \qquad (4\text{-}1)$$

那么应该 $(O, N) = (4, 9), (9, 4)$，(5-2)式中只能是 $O = 9$，$N = 4$。现在剩下的数字是 0，1，2，5，6。

把目前为止求出的数代入(5-2)、(6)和(7)式中，

$$I + C_3 = 3 \qquad (5\text{-}3)$$

$$6 + S + R + I + C_2 = 10C_3 + T \qquad (6\text{-}1)$$

$$2T + 12 + R = 10C_2 + S \qquad (7\text{-}1)$$

$C_3 = 1, 2$，所以会有两种情况。

$$\begin{cases} I=1,\ C_3=2,\ S + R + C_2 = T + 13 \\ I=2,\ C_3=1,\ S + R + C_2 = T + 2 \end{cases}$$

第一种情况，为了满足(7-1)式，无法决定 S、R、C_2、T。只有第二种情况才能找出唯一的答案 $S = 5$，$R = 1$，$C_2 = 2$，$T = 6$。因此：

$$A = 8,\ M = 7,\ E = 3,\ O = 9,\ N = 4,\ S = 5,\ R = 1,\ T = 6$$

这个答案实在是太长了。

69的解答&解说

NUMBER = SQUARE + SQUARE + SQUARE + SQUARE

596328 = 149082 + 149082 + 149082 + 149082

首先需要注意的是SQUARE的后两位RE和NUMBER的后两位ER是互相颠倒的顺序。乘以4之后，后两位数的顺序正好颠倒的数是什么？也就是说，怎样的R和E能使RE×4=xER呢？

因为R是偶数，所以我们分别检验一下R=0，2，4，6，8这几种情况就行了。举个例子，R=2的话，如果想E乘以4之后个位数是2，那么只能是3或者8。

但是23×4=92，28×4=112，都不能满足条件。

如此看来只能是R=8，E=2这一种情况。又因为S＜3，所以S=1。

因此这道覆面算就变成了1QUA82×4=NUMB28。

接下来要注意的是SQUARE和NUMBER共同出现的U。U的值可能是0，3，4，5，6，7，9。

ⅰ）U=0时

因为万位上没有进位，Q×4的个位是U，也就是0，这样Q就只能等于5，N=6。150A82×4=60MB28。

但是把3，4，7，9依次代入A，求不出满足等式且互相不同的A、M和B。

ⅱ）U=3时

进到万位的是1，所以Q×4的个位应该是2。只有3和8能满足要求，可是已经用过了。不可以。

ⅲ）U=4时

进到万位的是1，所以Q×4的个位应该是3，这当然是不可能的。

ⅳ）U=5时

因为进到万位的是2，所以Q×4的个位应该是3，这当然也是不可能的。

ⅴ）U=6时

进到万位的是2，所以Q×4的个位应该是4。只有1和6两个数能满足要求。可是已经用过了，不可以。

ⅵ）U=7 时

千位没有进位或者进位是 1 时，进到万位的是 2，此时 Q×4 的个位应该是 5，这是不可能的。

如果进到千位的是 2 以上的话，千位的计算结果应该大于或等于 7×4 ＋ 2=30，这样进到万位的就是 3，这时 Q×4 的个位应该是 4。

只有 1 和 6 两个数能满足要求，1 已经用过，排除。Q=6 时的计算结果 N=6。还是不行，排除。

ⅶ）U=9 时

因为进到万位的是 3，所以 Q×4 的个位应该是 6。

此时的 Q 只有 4 和 9 两个数能满足，9 已用过，不予考虑。Q=4 时，149A82×4=59MB28，把剩下的 0，3，6，7 代入 A，得出，149082×4=596328。这是唯一的答案。

70的解答&解说

```
          如实                  74
真如 ) 生灭灭已          27 ) 1998
       生已灭                  189
       ------                 ----
         生空已                 108
         生空已                 108
         ------                ----
             空                   0
```

真不愧是一位出色的谜题专家，其中包含了许多互相吻合的部分。

上面答案中的 74 用日语读做“纳西”（音译），也有“没有”的意思。

原文当中的“空”是 0，这两个合在一起就是从无开始，到无结束的意思，即所谓空手来空手去。

答案中的 1998 是出这道题的年份。

189 用日语读做“一哇库”（音译），作者把它解释成“因缘”、“存在的理由”，即“因果”的意思。

最后，108当然就是“108个烦恼”的意思。

71的解答&解说

有下列两种可能性。

<table>
<tr><td>1 1</td><td colspan="2">6 6</td></tr>
<tr><td>4
4</td><td></td><td>3
3</td></tr>
<tr><td colspan="2">5 5</td><td>2 2</td></tr>
</table>

<table>
<tr><td>1 1</td><td colspan="2">6 6</td></tr>
<tr><td>5
5</td><td></td><td>2
2</td></tr>
<tr><td colspan="2">3 3</td><td>4 4</td></tr>
</table>

因为四条边的数字之和都相同，所以骨牌上的所有数字之和2×(1＋2＋3＋4＋5＋6)=42和四个拐角数字之和应该是4的倍数。

42除以4后，余数是2。1，2，3，4，5，6除以4后余数是1，2，3，0，1，2。要想使42与四个拐角的数的和是4的倍数，拐角的4个数字只有5种可能：1，2，3，4；1，2，5，6；1，3，4，6；2，3，4，5；3，4，5，6。

ⅰ)1，2，3，4

这种情况下，一条边的数字和是(42 + 1 + 2 + 3 + 4) ÷ 4 = 13。
四条边中有一条是 | 1 1 | ? ? | ，无论用哪一个骨牌都不可能使和为 13。
所以此种情况排除。

ⅱ)1，2，5，6
这种情况下，一条边的数字和是(42 + 1 + 2 + 5 + 6) ÷ 4 = 14。
四条边中有一条是 | 1 1 | ? ? | ，? =6，求出一种答案。

1 1	6 6
4 4	3 3
5 5	2 2

ⅲ)1，3，4，6
这种情况下，一条边的数字和是(42 + 1 + 3 + 4 + 6) ÷ 4 = 14。
用同样的方法得出另一种答案。

1 1	6 6
5 5	2 2
3 3	4 4

ⅳ)2，3，4，5
这种情况下，一条边的数字和是(42 + 2 + 3 + 4 + 5) ÷ 4 = 14。
四条边中有一条是 | ? | 1 1 | ? | ，无论用哪一个骨牌都不可能使和为 14。
所以此种情况排除。

ⅴ)3，4，5，6
这种情况下，一条边的数字和是(42 + 3 + 4 + 5 + 6) ÷ 4 = 15。
四条边中有一条是 | ? | 1 1 | ? | ，无论用哪一个骨牌都不可能使和为 15。
所以此种情况排除。

72的解答&解说

62 的时候最长。

100，62，38，24，14，10，4，6

一般来说，两个数的比接近黄金比（$=\frac{1+\sqrt{5}}{2}=1.618\cdots$）的时候是最长的。

设第一个数为 a，第二个数为 b，那么数列：

$$t_1=a$$
$$t_2=b$$
$$t_3=a-b$$
$$t_4=b-(a-b)=-a+2b$$
$$t_5=(a-b)-(-a+2b)=2a-3b$$
$$\cdots\cdots$$

则有：

$$t_n=(-1)^{n-1}(F_{n-2}\times a-F_{n-1}\times b)$$（但 n ≥ 3，是第 n 斐波那契数）

我们现在要做的事情就是找到一个 b，使得对于尽量多且连续的 n 来说，$t_n>0$，整理不等式 $t_n>0$，

$$\frac{a}{b}>\frac{F_{n-1}}{F_{n-2}} \text{ 或者 } \frac{a}{b}<\frac{F_{n-1}}{F_{n-2}}$$

n 逐渐变大两个不等式应该交替满足。即：

$$\frac{a}{b}>\frac{F_2}{F_1}=\frac{1}{1},\ \frac{a}{b}<\frac{F_3}{F_2}=\frac{2}{1},\ \frac{a}{b}<\frac{F_4}{F_3}=\frac{3}{2},\ \frac{a}{b}<\frac{F_5}{F_4}=\frac{5}{3},\ \cdots$$

两个斐波那契数的比 $G_n=\frac{F_{n+1}}{F_n}$，n 越大越趋近黄金比 $\frac{1+\sqrt{5}}{2}$，并且已知两边交替成立。（这个不难证明）

$$G_1=\frac{1}{1}<G_3=\frac{3}{2}<G_5=\frac{8}{5}<\cdots$$
$$<\frac{1+\sqrt{5}}{2}$$
$$<\cdots<G_6=\frac{13}{8}<G_4=\frac{13}{8}<G_2=\frac{2}{1}$$

所以使得对于尽量多且连续的 n 来说，$t_n>0$ 的 b 产生于 $\frac{a}{b}$ 最接近黄金比的时候。（如

果$\frac{a}{b}$本身就是黄金比的话会无限进行吧？）如果 a=100，$100\div\frac{1+\sqrt{5}}{2}=61.8\cdots$
b=62 时，

100，62，38，24，14，10，4，6

如果 a=99 又是什么情况呢？

虽然和 100 只差一个数，$99\div\frac{1+\sqrt{5}}{2}=61.1$。

当 b=61 时，99，61，38，23，15，8，7，1，6，

它比 b=62 时的 99，62，37，25，12，13 长得多。

73的解答&解说

问题一：满足条件的 10 位数字，除此之外只有一个 6300846559。

问题二：目前为止，只发现了 5 个 9 位数字，不确定还有没有更大的数。

224246090　632258960　824791960　851750490　904719030

把质数按顺序如下所示写好，一位一位地寻找能被各个质数整除的数字的话，那么所有满足条件的数都能被找到。在第 11 位上无论放上 0-9 的哪一个数字，都不能被第 11 个质数整除，所以 10 位数 8757193191 是最大的数。做起来很简便，却是最准确的方法。

2	3	5	7	11	13	17	19	23	29	31
2	1	0	0							
2	1	0	7	6	9	4	7	0		
2	1	5	6	0	5	9	2			
2	4	0	1	3	6	9				

2	3	5	7	11	13	17	19	23	29	31	
2	4	0	8								
2	4	5	0	8	9	0					
2	4	5	7	4							
2	7	0	2	7	0						
2	7	0	9	3	3						
2	7	5	1	1	9	5					
2	7	5	8	8	6	2	7				
4	2	0	0	9	5	5	1				
4	2	0	7	5	8	5					
4	2	5	6								
4	5	0	1	2	5						
4	5	0	8	9	2	7					
4	5	5	0	7	8	1	2				
4	5	5	7	3							
4	8	0	2	6							
4	8	0	9	2	2						
4	8	5	1	0	8	6					
4	8	5	8	7	5	3					
6	0	0	6	0	0						
6	0	5	5	3	6						
6	3	0	0	8	4	6	5	5	9		← 就是它
6	3	0	7	4	7	6					
6	3	5	6	9							
6	6	0	1	1	4						
6	6	0	8	8	1	8					
6	6	5	0	6	7	2	6	4			
6	6	5	7	2							

2	3	5	7	11	13	17	19	23	29	31
6	9	0	2	5						

6 9 0 9 1 1
6 9 5 1
6 9 5 8 6 4 4
8 1 0 6
8 1 5 5 4 2 7 0
8 4 0 0 7 3 7 9
8 4 0 7 3 6 7 0
8 4 5 6 8 9
8 7 0 1 0 3 0
8 7 0 8 7 0 9
8 7 5 0 5 6 3
8 7 5 7 1 9 3 1 9 1 ← 就是它

74的解答&解说

小智爸爸最少有5个1分，1个5分和1个25分。

硬币按数量顺序摆放的比是1(5分)：1(25分)：5(1分)，按金额顺序摆放的比是5　1：1　5：1　25=1：1：5。两个比相同。

设x分、y分、z分硬币各有a、b、c个，且$x<y<z$。
根据题意ax、by、ca按照适当顺序排列的话，它的比和a：b：c是相同的。

ⅰ)$ax:by:cz=a:b:c$
此时$x=y=z$。矛盾排除。

ⅱ)$ax:cz:by=a:b:c$
因为$a:b:c=ax:bx:cx$，所以$cz=bx$，$by=cx$，$b^2y=c^2z$。
那么y、z都应该是乘方数，则有(y，z)=(1，25)，(1，100)，(25，100)三种情况。因为$1\leq x<y$，所以只有$y=25$，$z=100$这一种情况。

想让总金额最小的话，b、c 就应该小，所以 b=2，c=1 是最好的。

此时，$x=cz/b=1\times 100/2=50$。

可是，$x=50 > y=25$，矛盾。其实 5 角的硬币都很少见，从这一点来看也不会是答案吧！

ⅲ) by：ax：cz=a：b：c

因为 by=az，ax=bz，所以 $a^2x=b^2y$，$z=by/a$

这次 x、y 应该是乘方数，求各种情况下最小的 a、b，以及当时的 z，

如下表：

a	x	b	y	z
5	1	1	25	5
10	1	1	100	10
2	25	1	100	50

无论是哪一种情况都是 $z < y$。这也不可能。

ⅳ) by：cz：ax=a：b：c

回头再说……

ⅴ) cz：ax：by=a：b：c

回头再说……

ⅵ) cz：ax：by=a：b：c

因为 cz=ay，ax=cy，所以 $a^2x=c^2z$，y=cz=a

a	x	c	z	y
5	1	1	25	5
10	1	1	100	10
2	25	1	100	50

想让总金额最小的话，b 就应该小，b=1。所以 5×1 分＋1×5 分＋1×25 分=35 分是这种情况下最小的值。

回过头再来看ⅳ)by ∶ cz ∶ ax=a ∶ b ∶ c

前面在ⅵ)中已经求得35分，比这个再大的金额就没有意义了。

所以只考虑(x，y，z)=(1，5，10；c=1，2)，(1，5，25；c=1)就行了。

首先看(x，y，z)=(1，5，10)这种情况。

c=1的话，5b∶10∶a=a∶b∶1，所以$5b=a^2$，b不能小于5。但是，这时ax＋by＋cz=ax＋5×5＋1×10＞35，所以这个不是答案。

c=2的话，5b∶20∶a=a∶b∶2，所以$10b=a^2$，b不能小于10。但是，这时仍然是ax＋by＋cz=a×1＋10×5＋2×10＞35，所以这个也不是答案。

最后看(x，y，z)=(1，5，25)这种情况。

因为c=1，所以5b∶25∶a=a∶b∶1，$5b=a^2$，a和b都不能小于5。但是，这时ax＋by＋cz=5×1＋5×5＋1×10＞35，所以这个还不是答案。

回过头再来看ⅴ)cz ∶ ax ∶ by=a ∶ b ∶ c

这种情况和ⅵ)一样。

所以小智爸爸硬币的面值最少是35分。

75的解答&解说

1，2，4，7岁四个孩子，这是9个连续的自然数出现的唯一方法，也是最好的方法。

1，2，3(=1＋2)，4，5(=1＋4)，6(=2＋4)，7，8(=1＋7)，9(=2＋7)

ⅰ)最小的孩子是1岁的话，我们试着尽量多地找出连续的数。

首先，应该有2岁，3=1＋2，所以没有3岁。以此类推：

1=1

2=2

3=1＋2(没有3岁，如果有，3的表示方法就不唯一。)

4=4

5=1＋4(没有5岁)

6=2＋4(没有6岁)

7=7

8=1＋7(没有8岁)

9=2 + 7(没有 9 岁)

接下来应该是 10 岁，那么会有 1 + 10=4 + 7，矛盾。所以没有 10 岁的孩子，1，2，4，7 这四个是由 1 到 9 这九个连续自然数组成的。

ⅱ)最小的孩子是 2 岁的话，仍然用这种方法：

2=2

3=3

4=4

5=2 + 3(没有 5 岁)

6=2 + 4(没有 6 岁)

7=3 + 4(没有 7 岁)

8=8

如果有 9 岁的话，那么 2 + 9=3 + 8，矛盾。所以没有 9 岁的孩子，2，3，4，8 这四个是由 2 到 8 这七个连续自然数组成的。

ⅲ)最小的孩子是 3 岁的话，如果想尽量多地有连续的自然数，就应该有 4 岁和 5 岁。

如果有 6 岁的话，9=3 + 6=4 + 5，不可以。所以连续的自然数只有 3，4，5 三个。最小的孩子的年龄是 n(n > 3)时，仍然只是 n，n + 1，n + 2 三个连续的自然数。

从上面的结果中得知，一共有 4 个孩子，分别是 1 岁、2 岁、4 岁和 7 岁。

76的解答&解说

问题一：16 次。

问题二：B。

问题一：

C 的胜数为 n，A、B、C 的败数为 x、y、z。把三个人的比赛结果用表格来表示。

	胜	败	等待
A	10	x	
B	21	y	
C	n	z	

因为比赛输了的话要等下一个比赛，所以输的次数和等待的次数应该是一致的。但是，有两种情况例外。

第一种：和胜负没有关系比赛刚开始坐着的 C，第二种：最后一次比赛输了的人，因为结束了所有的比赛没有必要再坐着。

	胜	败	等待
A	10	x	x−1
B	21	y	y
C	n	z	z+1

A 输

	胜	败	等待
A	10	x	x
B	21	y	y−1
C	n	z	z+1

B 输

	胜	败	等待
A	10	x	x
B	21	y	y
C	n	z	z

C 输

我们来看一下这三种情况中的最后一种。从 A、B 的角度来看，比赛的总次数分别是 $10+2x$，$21+2y$，A 是偶数，B 是奇数。互相矛盾。

所以只能是前面两种。

求比赛的总次数，第一种情况 A：$10+x+x-1$，B：$21+y+y$，这应该和三个人输的总次数 $x+y+z$ 相同。由 $10+x+x-1=21+y+y=x+y+z$，得 $z=15$。

解第二种情况还是 $z=15$。即 C 等了 $z+1=16$ 次，所以得知 A 和 B 共同打了 16 局。

问题二：

同之前一样来做三个表格。

	胜	败	等待
A	10	x	x-1
B	15	y	y
C	17	z	z+1

A 输

	胜	败	等待
A	10	x	x
B	15	y	y-1
C	17	z	z+1

B 输

	胜	败	等待
A	10	x	x
B	15	y	y
C	17	z	z

C 输

这次也是，C 不会输掉最后一次比赛，只考虑前面两种情况就行了。

比赛总次数为，第一种情况：A：9 + 2x，B：15 + 2y，C：18 + 2z

第二种情况：A：10 + 2x，B：14 + 2y，C：18 + 2z

在第一种情况中，A 是奇数，B 是奇数，C 是偶数，三个数应该一样，所以矛盾。因此只有第二种情况才有可能。在最后一局比赛中输的是 B。

77的解答

首先在左边放上 RB，右边放上 WB。

会出现三种情况。

情况 1：

RB ＞ WB →那么我们就能知道左边的 B 更重。

有三种情况：$R_{重}B_{重}$ ＞ $W_{重}B_{轻}$，$R_{重}B_{重}$ ＞ $W_{轻}B_{轻}$，$R_{轻}B_{重}$ ＞ $W_{轻}B_{轻}$。

第二次把 B 拿出去，换一下右边的 W 后再称。

这时，左边更重的话，$R_{重}$ ＞ $W_{轻}$（1.1）；

平衡的话，$R_{重}$＝$W_{重}$（1.2）；

右边更重的话，$R_{轻}$ ＜ $W_{重}$（1.3）。

情况 2：

RB < WB →那么我们就能知道左边的 B 更轻。

有三种情况：$R_{轻}B_{轻} < W_{轻}B_{重}$，$R_{轻}B_{轻} < W_{重}B_{重}$，$R_{重}B_{轻} < W_{重}B_{重}$。

第二次把 B 拿出去，换一下左边的 R 后再称。

这时，左边更重的话，$R_{重} > W_{轻}$（2.1）；

平衡的话，$R_{重} = W_{重}$（2.2）；

右边更重的话，$R_{轻} < W_{重}$（2.3）。

情况 3：

RB = WB →那么会有 $R_{重}B_{轻} = W_{轻}B_{重}$ 或 $R_{轻}B_{重} = W_{重}B_{轻}$ 两种情况。

第二次把 B 拿走后再称。

倾斜的一边较重，自然就会知道哪边的 B 较重了。

因此较轻的珠子是：

（1.1）中没有称的 R，第二次称的 W，右边的 B。

（1.2）中没有称的 R，第一次称的 W，右边的 B。

（1.3）中称的 R，第一次称的 W，右边的 B。

（2.1）中第一次称的 R，称的 W，左边的 B。

（2.2）中第一次称的 R，没有称的 W，左边的 B。

（2.3）中第二次称的 R，没有称的 W，左边的 B。

第三种情况中，向左倾的话是没有称的 R，称的 W 和左边的 B。向右倾的话是称的 R，没称的 W 和右边的 B。

※ 这是 KIDS bbs 上 Convex 先生的解答。

78的解答

6 个球标上 A(a)，B(b)，…，F(f)。大写字母球的重量一样，小写字母球的重量一样。

也就是说，6 个球中 3 个标有大写字母，3 个标有小写字母。

用下列四种方法称重，只需 3 次就能知道 6 个的轻重。

1	2	3	4
a–B	a–B	a–b	a–b
c–D	c–d	b–c	b–C
e–F	d–E	c–D	D–E

不理解是什么意思?

下面是详细讲解。

把 6 个球标上 1 至 6 的序号，进行如下称重。

1. ①<②；如果①>②的话，把号码反过来贴。

2. ③<④；还是③>④的话，把号码反过来贴。

3. ⑤<⑥；这个也是⑤>⑥的话，把号码反过来贴。

结论：①=③=⑤<②=④=⑥。

2. ③=④

3. ④=⑥；这种情况下，因为③=④=⑥，①<②，所以不可能。

3. ④<⑥；如此③=④<⑥，①<②

结论：①=③=④<②=⑤=⑥。

3. ④>⑥；同理。

结论：①=⑤=⑥<②=③=④。

1. ①=②

2. ②=③；这种情况下当然③≠④

3. ③<④

结论：①=②=③<④=⑤=⑥。

3. ③>④；把上面情况反过来即可。

结论：④=⑤=⑥<①=②=③。

2. ②<③

3. ④=⑤；因为已知①=②<③

结论：①=②=⑥<③=④=⑤。

3. ④<⑤

结论：①=②=④<③=⑤=⑥。

3. ④>⑤

结论：①=②=⑤<③=④=⑥。

79的解答&解说

答案是 4，5，6 的最小公倍数 60？

有这种想法的人，完全没有理解问题。在看答案之前请再看一遍问题。解答如下：

因为每本书都有三个要素，按顺序我们可以用三维空间的点来表示每一本书。问题条件中的三个要素各忽略一个，就可以把它们想象成垂直于坐标空间 yz 平面、xz 平面和 xy 平面的点。垂直于各平面的点的个数分别是 4，5，6。当这些点是立方体的各个顶点和适当的两条棱的中点时便可。

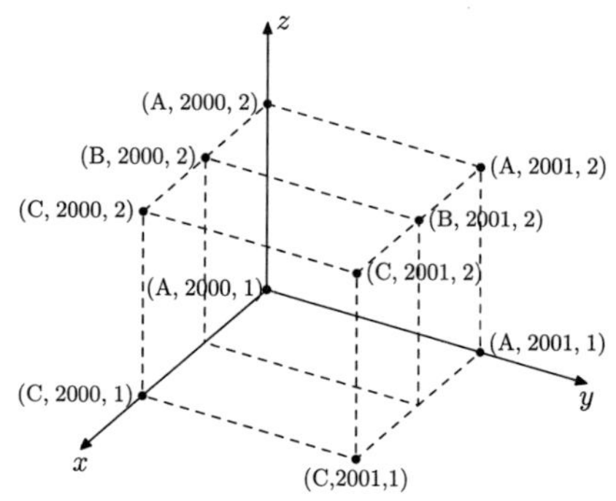

即选择如图的 10 个点时就能满足所有的条件。

整理后：A 杂志 2000 年第 1 期，第 2 期；2001 年第 1 期，第 2 期。

B 杂志 2000 年第 2 期，2001 年第 2 期。

C 杂志 2000 年第 1 期，第 2 期；2001 年第 1 期，第 2 期。

三维空间里的 n 个点在平面 yz、平面 xz 和平面 xy 上的投影是 nyz、nxz、nxy 个点的话，那么不等式 $n^2 \leqslant n_{yz}n_{xz}n_{xy}$ 成立。

在本题中，$10^2 \leqslant 4\times5\times6 < 11^2$，所以月刊最多是 10 本。

一般来说，d 维空间里，n 个点向各轴垂直的平面投影的结果是 n_1，n_2，…，n_d 个点的话，则不等式 $n^{d-1} \leqslant n_1$，n_2，…，n_d 成立。

80的解答&解说

M 表示传教士，C 表示食人族。

	此岸		方向	对岸	
1．	C C C	M M M			
2．	C	M M M	→	C C	
3．	C C	M M M	→	C	
4．		M M M	→	C C C	
5．	C	M M M	←	C C	
6．	C	M	→	C C	M M
7．	C C	M M	←	C	M
8．	C C		→	C	M M M

接下来食人族的人好好运送自己的同类就行了。

可以用下面这种方法解决这个问题。

在河一侧的传教士和食人族的人数用下表来表示。因为食人族的人数不能大于传教士，所以在(C，M)=(2，1)，(3，1)，(3，2)的格内画叉。

C\M	0	1	2	3
0				
1				
2		×		
3		×	×	

在河的对岸，同样，不能让食人族的人数大于传教士，所以在(C，M)=(0，1)，(0，2)，(1，2)格子内画叉。

C＼M	0	1	2	3
0		×	×	
1			×	
2		×		
3		×	×	

现在我们的目标是从食人族和传教士都在的一侧河边(3，3)出发，到达没有任何人留下的一侧(0，0)。

C＼M	0	1	2	3
0	goal	×	×	
1			×	
2		×		
3		×	×	start

船过河的话，一侧的人数势必减少，从表格上来看，过河应该是向左或向上移动。相反，船回到这一侧的话，应该是向右或者向下移动。又因为船上只能搭载两个人，所以只能如下图中实线箭头和虚线箭头所示移动。

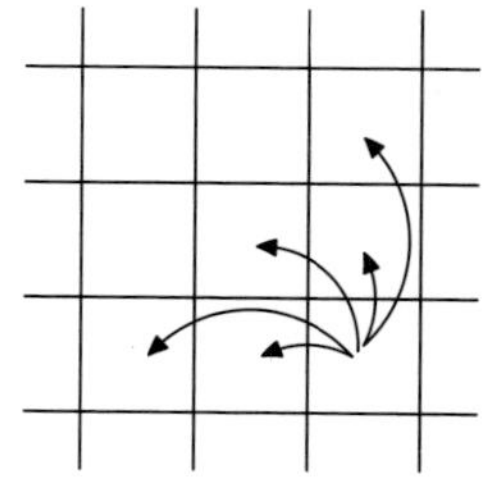

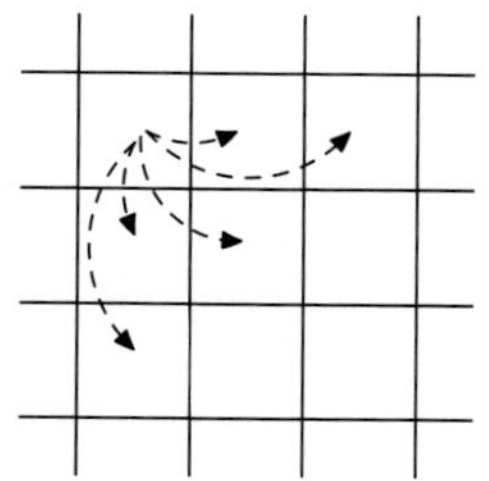

因为船是一来一回交替进行的，所以表格上的实线箭头和虚线箭头也是交替着出现。如果想从表中的(3,3)走到(0,0),一定要越过中间的界限。走到(2,2)是不可能的，所以唯一的办法就是从(1，3)走到(1，1)。也就是说，从一个食人族和三个传教士的状态演变到搭载两名传教士的状态。

C\M	0	1	2	3
0		×	×	
1			×	
2		×		
3		×	×	

想从(3，3)走到(1，3)的话，移动方法如下所示：

C\M	0	1	2	3
0		×	×	
1			×	
2		×		
3		×	×	

走到(2，2)以后，再同上面的路线呈对称移动。

C\M	0	1	2	3
0		×	×	
1			×	
2		×		
3		×	×	

如果食人族和传教士的人数分别再增加1名，即各有4个人的话怎么办呢？还是

通过表格来看，因为没有越过中间界限的方法，所以用只能搭载两人的船不可能达到平安运送的目的。

C \ M	0	1	2	3	4
0		×	×	×	
1			×	×	
2		×		×	
3		×	×		
4		×	×	×	

用同样的方法思考，食人族和传教士的人数都是 4 名以上的时候也是同样的状况，仍然不能过河。

那么，如果食人族仍然是 3 人，传教士一共有 4 个人的话，又是怎样的状况呢？这种情况用下图所示的方法移动就行了。

C \ M	0	1	2	3	4
0			×	×	
1				×	
2		×			
3		×	×		

一般来说，如果传教士的人数比食人族的人数多 1 名以上的话，可以用同样的方法过河。

81的解答&解说

在 CA 上找一个点 F，使得∠CBF = 20° 。

那么，BC = BF，因为△ BCE 是等腰三角形，BC = BF = BE，所以△BEF 是正三角形。又因为∠EBD = 30° = $\frac{1}{2}$ × 60° = $\frac{1}{2}$∠ EBF，所以，从圆周角和圆心角的角度来看，B，D，E 是在以点 F 为圆心的同一个圆上。

因此∠BDE 是∠BFE 的圆周角，∠BDE = 30° 。

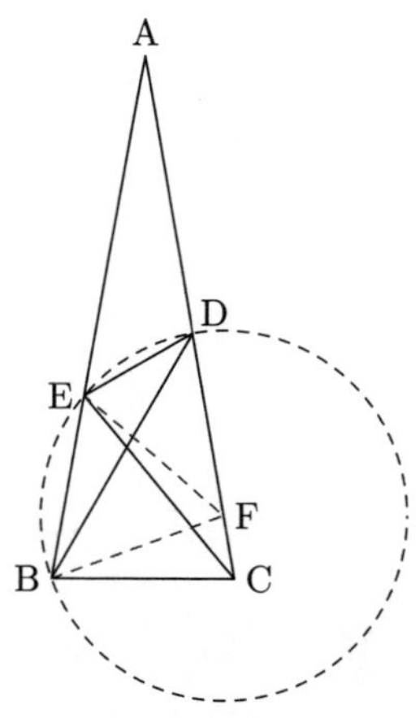

还有一种如下所示有趣的解答方法。

把这个三角形反复移动，可以形成一个 18 边形。(O 即 A 点，A_1、A_2 即 B、C 点。)

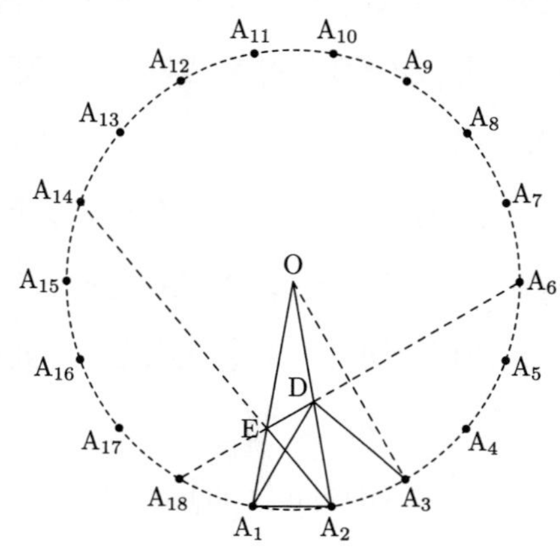

在$\triangle OA_2A_{14}$中，A_2E的延长线与线段A_2A_{14}重合。

又因为A_2A_{14}和A_6A_{18}关于OA_1对称，所以A_6A_{18}也经过E点。

还因为OA_3垂直平分于A_6A_{18}，所以A_6A_{18}和OA_2的交点就是原来问题的D点。

因为$\angle EDA_1+\angle A_1DA_2+\angle A_2DA_3+\angle A_3DA_6=\angle EDA_1+40°+40°+70°=180°$，所以$\angle EDA_1=30°$。

82的解答

从点D做一条平行于BC的线，交AB于点F。BD和CF交于点G。

则BG=CG，因为$\angle BEC=30°=\frac{1}{2}\angle BGC$，所以，从圆周角和圆心角的角度来看，点B、C、E是在以点G为圆心的同一个圆上。

现在$\triangle GEB$是等腰三角形，$\angle BEG=20°$，$\angle EGF=\angle EGB-\angle FGB=140°-120°=20°$。

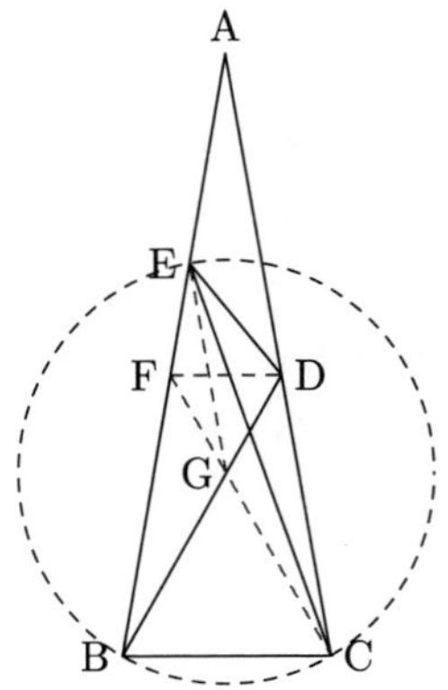

所以$\triangle EFG$是等腰三角形，又因为$\triangle DFG$是正三角形，EF=FG=FD，$\triangle DEF$也是一个等腰三角形。

所以$\angle DEF=50°$，$\angle CED=\angle DEF-\angle CEG-\angle BEG=50°-10°-20°=20°$。

※ 这是KIDS bbs上Jhshin先生的解答。

83的解答

在 AB 上找一个点 F，使得∠BCF = 50°。

那么∠CFE = 50°，∠CDE = ∠CDB + ∠BDE = 40° + 10° = 50°，所以四边形 CDFE 内接于圆。

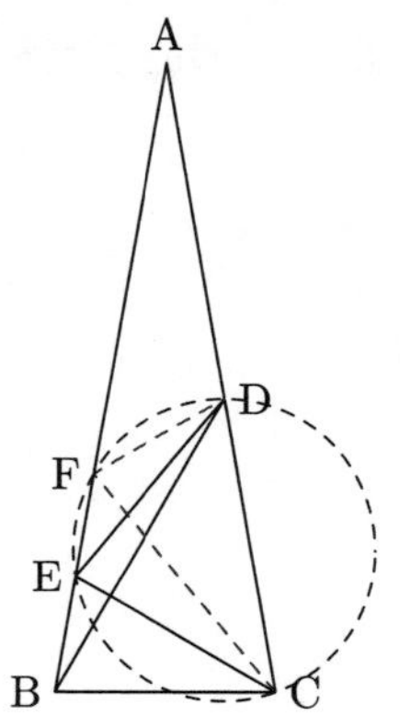

引用 81 题的结果，

∠ECF = ∠EDF = ∠BDF - ∠BDE = 30° - 10° = 20°，

∠BCE = 50° - 20° = 30°。

※ 还是 KIDS bbs 上 Jhshin 先生的解答。

84的解答

把 20-80-80 的三个三角形如下图合并放置。

因为∠PAP′ = 60°，AP = AP′，所以△APP′ 是正三角形，PP′ = CC′。

所以四边形 CPP′C′是长方形，∠ACP = 90° - 80° = 10°。

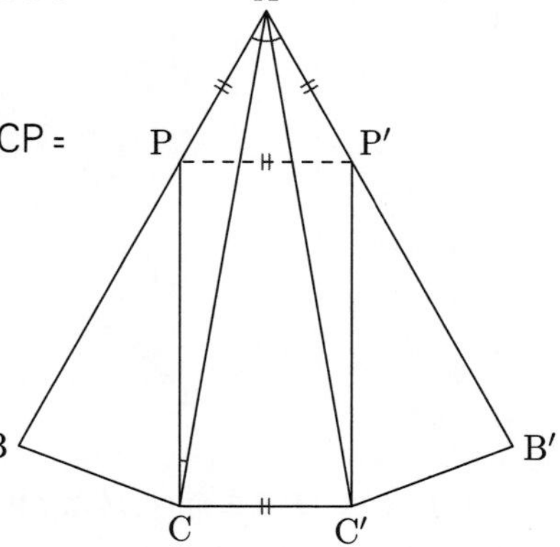

85的解答&解说

找出一点P，使∠APB=∠BPC=∠CPA=120°。把P和三个顶点相连即可。

如果想找到这个P点，应如下图所示，以各边为基础向外做三个正三角形。正三角形的顶点和原三角形对应顶点之间连线的交点就是P点。

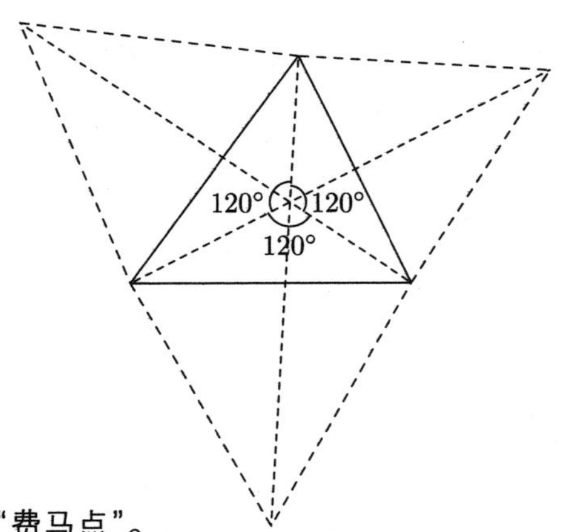

这样的点叫做"费马点"。

要想证明费马点到三个顶点连线的距离之和最小，先把△APC以点C为中心旋转60°。

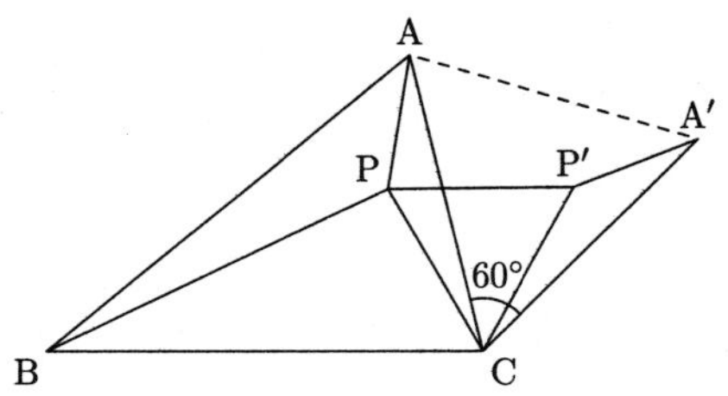

因为△CPP′是正三角形，所以AP＋BP＋CP=A′P′＋BP＋PP′，要想取最小值，B、P、P′、A′应该在同一条直线上。

所以应该∠BPC=180°－60°=120°，再想一下剩下的两个角，可知∠APB=∠BPC=∠CPA=120°成立。

86的解答

正方形的一条边长为 1 时，利用 X 形的长度是 $2\sqrt{2}$（=2.848…），与此相比，利用下图的方法 $\sqrt{3}+1$（=2.732…）是最短的。

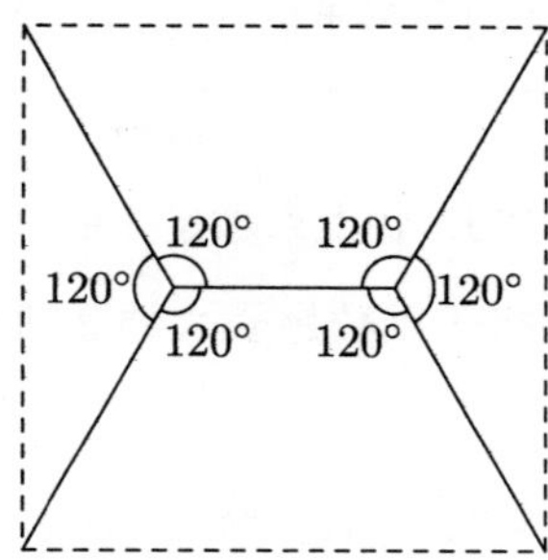

87的解答

如下图所示挖即可，这时的长度大约是 2.639 米。

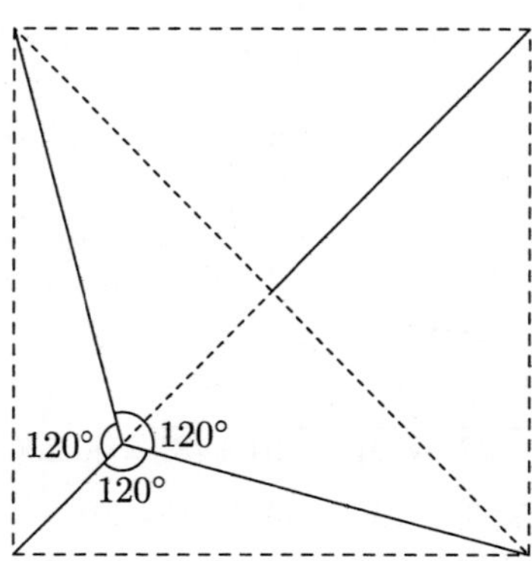

88的解答

问题一：有一种有趣的说法如下：

> 皮克(Pick)定理：用线段连接格子形成的图形的最大面积是：
>
> 图形内部格子点数 + 边上格子点数 ÷2 - 1

如果内部格子点数是100，边上点数是2的话，就不能遵守此定理。

所以得是图形内部的格子点数是最大的99时，用4个格子点围成的图形才行。

问题二：图形越接近于长方形，周长越短。比较了几种方法后，还是下图的最短。

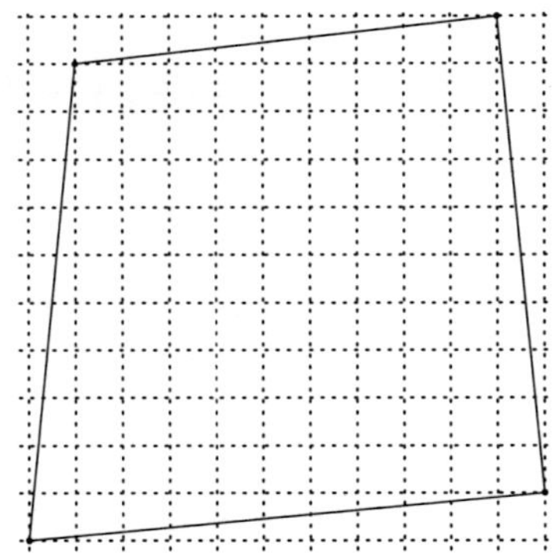

$$\sqrt{122}+\sqrt{101}+\sqrt{101}+\sqrt{82}=40.200497\cdots$$

89的解答&解说

13×13 的情况下分割成 11 块、9×9 的情况下分割成 10 块是最少的。

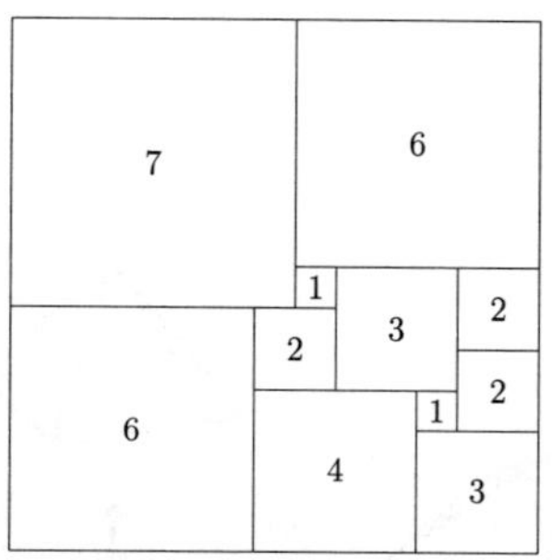

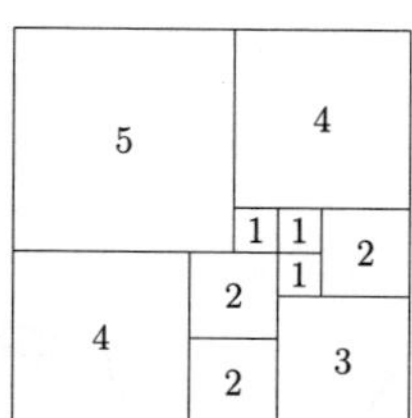

下面是 1~12 种情况的分解答案。

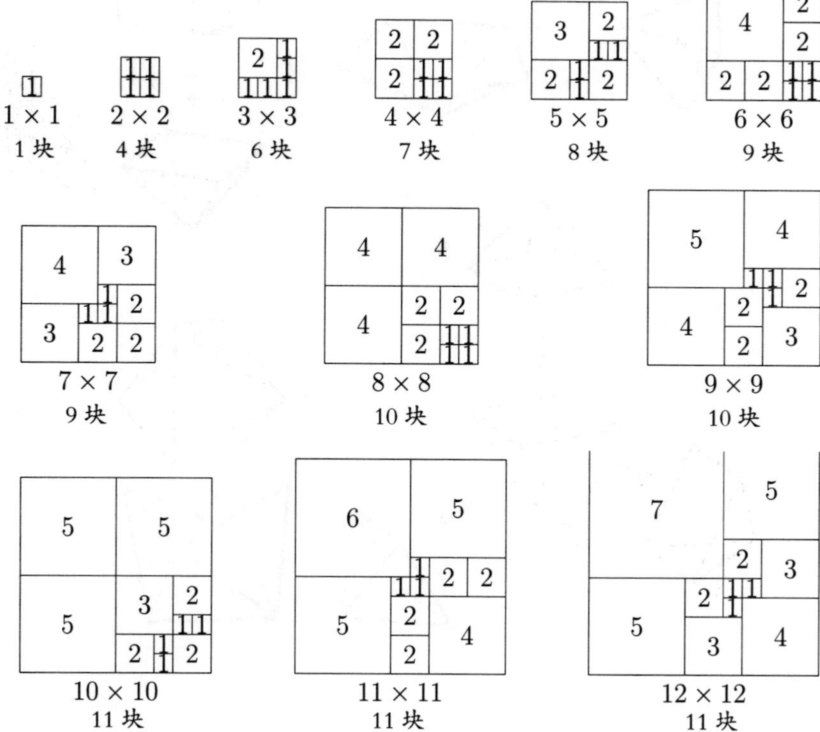

90的解答

除了正四面体、正八面体、正十二面体和正二十面体之外，下面五种是凸德尔塔立体的全部情况。

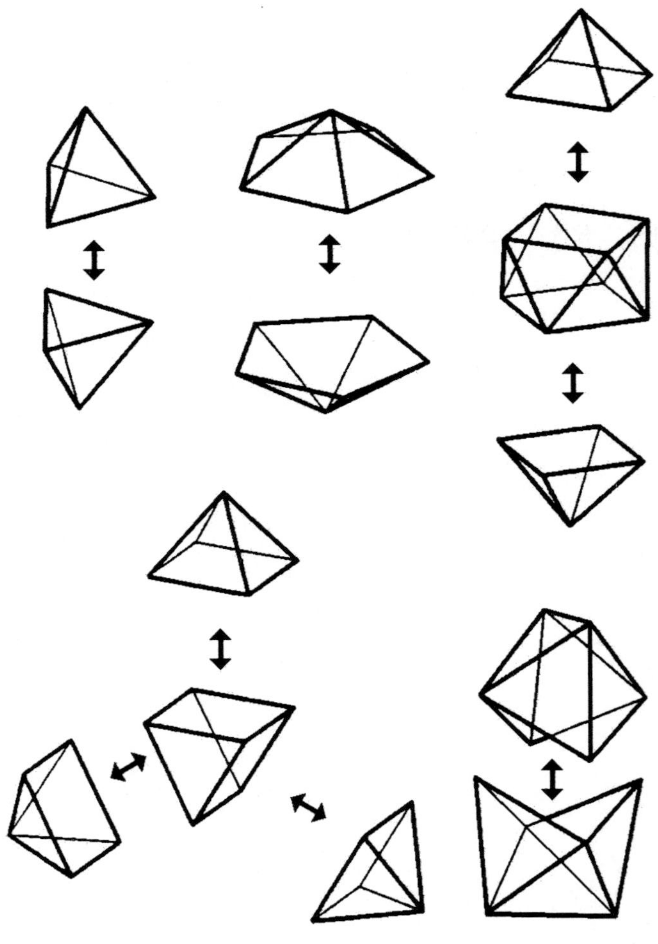

91的解答&解说

这样的话，无论是几个都能连在一起。

三个环的情况下，可以变成下图所示的样子。这种连接有一个特殊的名字“Brunnian链环”，这个名字是从文艺复兴时期它作为意大利博洛梅欧家族(Hermann Brunn)的徽章图案而来的。

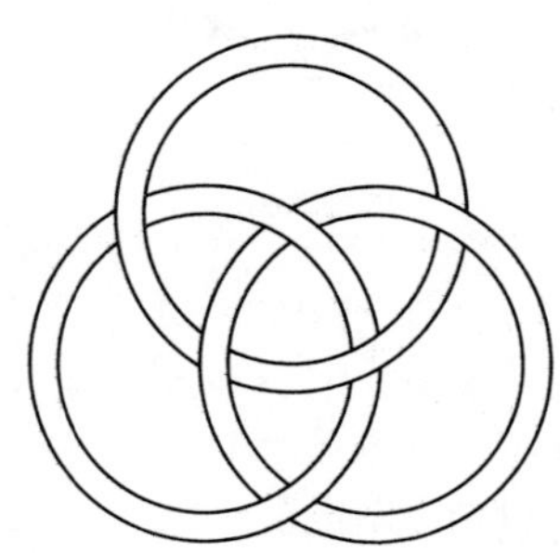

92的解答&解说

1，2，2，3，3，4和1，3，4，5，6，8。

骰子上的数字之和如下图所示。

	1	2	2	3	3	4
1	2	3	3	4	4	5
3	4	5	5	6	6	7
4	5	6	6	7	7	8
5	6	7	7	8	8	9
6	7	8	8	9	9	10
8	9	10	10	11	11	12

用生成函数可以解出答案。

骰子上的数字为n，当有a_n个n时，我们用a_nx^n来表示，那么一般的骰子可用多项式$x+x^2+x^3+x^4+x^5+x^6$来表示。(这被称为生成函数，也叫做母函数。)

那么两个骰子上数字和的分布就是：

$(x+x^2+x^3+x^4+x^5+x^6)(x+x^2+x^3+x^4+x^5+x^6)$

展开此式的话，会有1个和是2($=x^2$)，2个和是3($=2x^3$)，…，1个和是12($=x^{12}$)。

所以我们要求的是：

$f(x)g(x)=(x+x^2+x^3+x^4+x^5+x^6)(x+x^2+x^3+x^4+x^5+x^6)$这两个多项式。

因为两个骰子上的数字都是大于或等于1，所以两个多项式的常数项都应该是0。即两个式子的约数都是x。并且两个都有6个面，所以应该是$f(1)=g(1)=6$。把上式分解因数的话，则有：

$f(x)g(x)=x^2(1+x)^2(1-x+x^2)^2(1+x+x^2)^2$

代入$x=1$，则$f(1)g(1)=1^2\times 2^2\times 1^2\times 3^2$，所以：

$f(x)=x(1+x)(1+x+x^2)$

$g(x)=x(1+x)(1-x+x^2)^2(1+x+x^2)$

把两个式子展开：

$f(x)=x+2x^2+2x^3+2x^4$

$g(x)=x+x^3+x^4+x^5+x^6+x^8$

所以一个骰子上的数字是1，2，2，3，3，4，另一个骰子上是1，3，4，5，6，8。

93的解答&解说

因为张数不同，把纸牌配对，形成一个三叉树是最好的。

如下图所示每两个较小的数配成对子，形成一个树形结构。

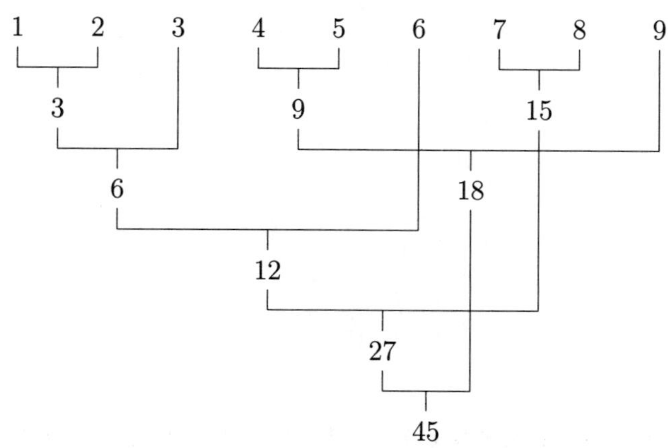

第一个问题问道："纸牌是1，2，3，6，7，8中的一个(从45中分出分支的左边)吗？"回答说"是"的话，再问"是1，2，3，6中的一个(从27中分出分支的左边)吗？"回答说"不是"的话，"纸牌是4，5中的一个(从18中分出分支的左边)吗？"

这种问题的平均提问次数是：

$(1\times5+2\times5+3\times4+4\times3+5\times3+6\times3+7\times3+8\times3+9\times2)\div45=3$(次)

这次我们不用纸牌，试试看把这种方法用于文字。

"THIS IS A TEST."这句话中有字母A、E、H、I、S、T、句号(.)和空白8种文字，一共15个。

这8种文字用由0和1组成的代码000，001，010，…，110，111表示的话，会有 3 位(二进制)，那么全部是 15×3=45 位。

数一下每个文字出现的次数，把次数较少的每两个相连接，制成下图(按从小到大的顺序排列)。

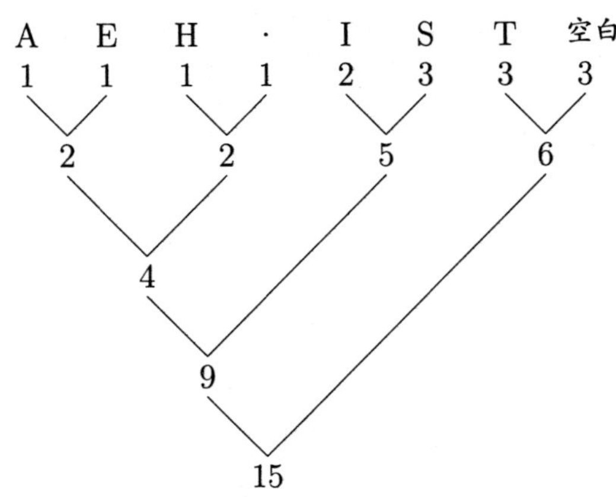

现在从最底下一支开始寻找文字，往左走一次为 0，往右走一次为 1，那么 8 种文字以下表的形式出现：

A	E	H	.	I	S	T	空白
0000	0001	0010	0011	010	011	10	11

根据这个表格，“THIS IS A TEST.”这句话变成了：

10001001001111010011110000100001011100011

45 位被“压缩”成了 41 位。

这种压缩方法被叫做“霍夫曼编译码程序”，它是数据压缩理论的基础。

94的解答&解说

把 8 个人分别叫做 0，1，…，7，如下分组。

第一天	第二天	第三天	第四天	第五天	第六天	第七天
01 ：23 47 ：56	02 ：57 13 ：46	03 ：45 12 ：67	04 ：17 26 ：35	05 ：16 27 ：34	06 ：24 15 ：37	07 ：36 14 ：25

要分这样的组，首先把“我”作为 0，剩下的 7 个人按顺序标上 1～7 的 7 个数。

下图中，选择连在一起的三个人，其中一个作为“我”的搭档，剩下两个人分为一组。其余四个人作为和“我”的搭档连在一起的人分组。

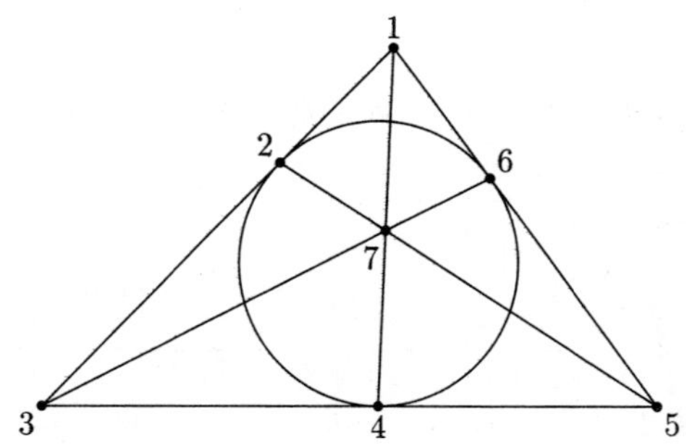

举个例子，第一天选择了 123，如果 1 作为“我”的搭档的话，就是 01 ：23。剩下 4 个人 4，5，6，7，因为 147，156 互相连接在一起，所以 47 ：56。

用这种方法继续编组，第二天选择 257，组成 02 ：57-13 ：46。第三天选择 345，组成 03 ：45-12 ：67。第四天选择 147，组成 04 ：17-26 ：35。第五天选择 156，组成 05 ：16-27 ：34。

可是，如果第六天选择 156，组成 06 ：15 的话，第二天和第四天已经有了 0? ：1? 的比赛，这和只能同所有的人进行两次比赛的条件相悖。

选择 367，组成 06 ：37 的话，第一天和第四天已经有了 0? ：3? 的比赛，仍然不行。

因此应选择剩下的 246，组成 06：24，剩下的四个人 1，3，5，7，组成 15 ：37。

最后第七天选择 147，组成 07 ：14 的话，不满足条件，2，5，7 也不行。现在选择剩下的 367，组成 07 ：36-14 ：25，这样就能满足所有的条件。

95的解答&解说

颠倒顺序也一样，此时只有下列四种方法。当然可以不从 A，而是从其他点出发。

A－G－M－L－C－E－K－D－F－N－I－B－H－J－A

A－G－I－B－H－N－F－D－K－E－M－L－C－J－A

A－G－M－E－C－L－F－D－K－B－I－N－H－J－A

A－G－I－N－H－B－K－D－F－L－M－E－C－J－A

解决这种问题的要领是各个四边形编上号之后沿着路线连接四边形后，(就像下方左侧图中 A-G-M-E 的连接)把握它的构造。经这种连接的图形打开后如右下图所示。在这幅打开图中，所有点只经过一次后，回到最初的出发点。

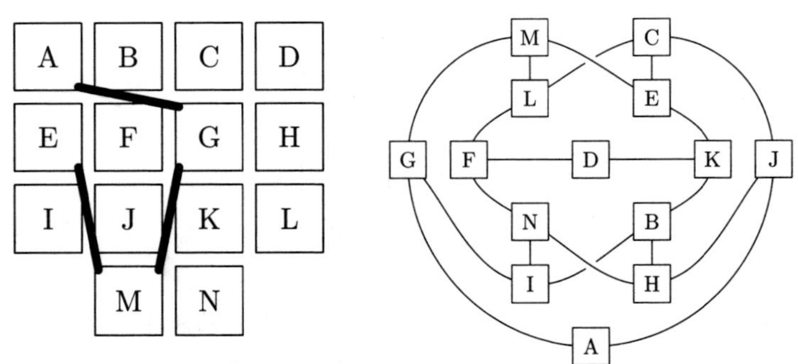

因此正确答案有下列四种。

A－G－M－L－C－E－K－D－F－N－I－B－H－J－A

A－G－I－B－H－N－F－D－K－E－M－L－C－J－A

A－G－M－E－C－L－F－D－K－B－I－N－H－J－A

A－G－I－N－H－B－K－D－F－L－M－E－C－J－A

这个问题和一笔作画很形似。但是它和一笔作画可以多次经过一个点不同，它是一个点只能经过一次，所以难度更大。

这种类型的问题因发明它的数学家汉密尔顿的名字而叫做“汉密尔顿问题”。所有点只被经过一次的路线叫做“汉密尔顿路径”。特别是回到出发点的情况下叫做“汉密尔顿回路”。

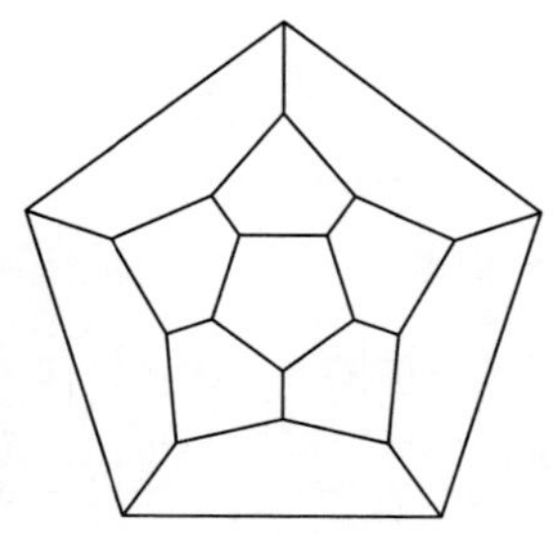

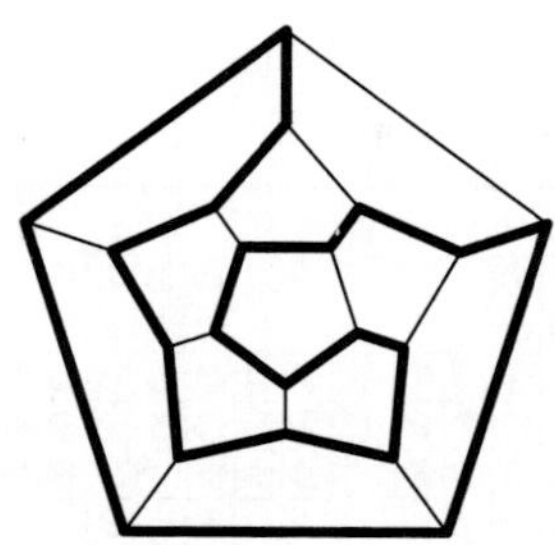

这个和在一笔作画中随着线的画出形成的欧拉路径，终点又回到起点的时候叫做欧拉回路相似。

汉密尔顿最初的设计是正十二面体的各个顶点只被经过一次后回到出发点。如图所示，把它做成展开后的平面状态叫做“环游世界游戏”。右图是这个游戏的答案。

在一笔作画中，只要弄清奇数点的个数就可以判断出是否存在欧拉回路。汉密尔顿问题则完全相反，当图有某种特定的性质时才能知道有几种结果，迄今为止，没有一种普遍的方法能够判定是否存在汉密尔顿回路。

最近，探索是否存在汉密尔顿回路的问题被证明是“NP- 完备”的。我们不能一个一个地数，自然无法知道，这正印证了它是一个非常难的问题。

96的解答

如下图进行。（都画出来，真累啊！）

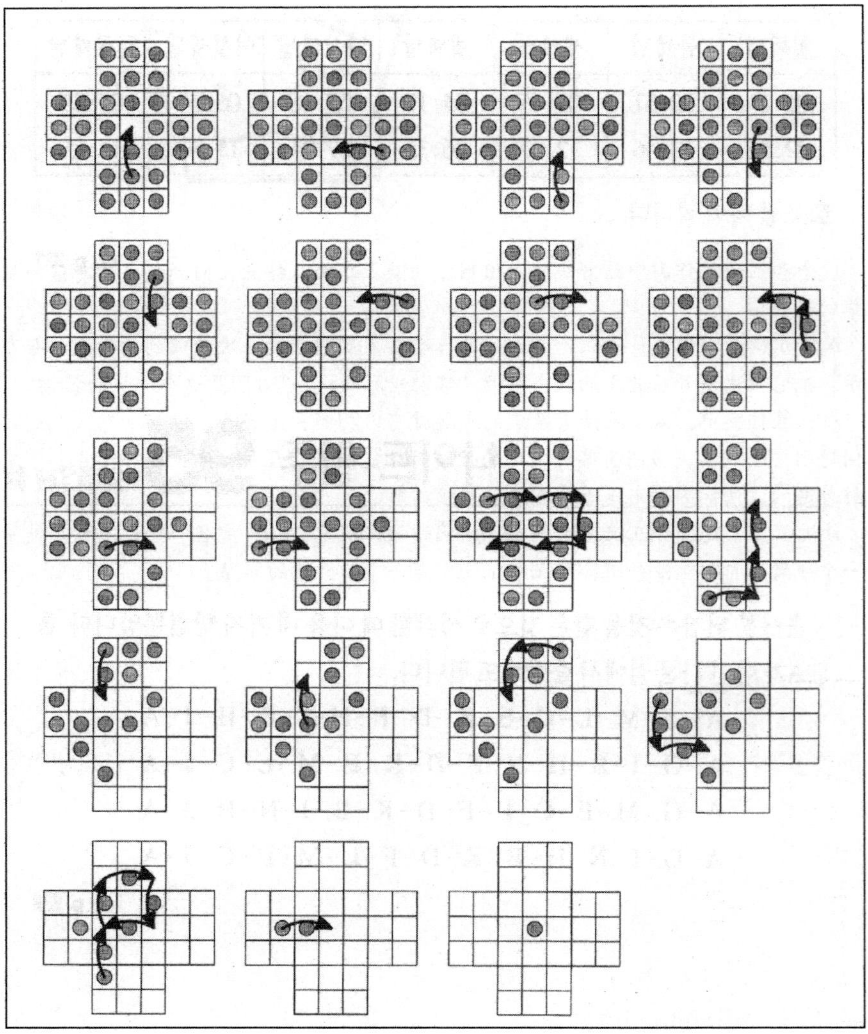

97的解答&解说

一张画图牌的重心在 $\frac{1}{2}$ 处，可以探出 $\frac{1}{2}$ 长，两张画图的重心是各自距离重心 1：1 的点，所以可以再探出 $\frac{1}{4}$ 。三张画图的重心是最底下这张牌重心和上面两张距离重心 2：1 的点，所以可以再探出 $\frac{1}{6}$ 。

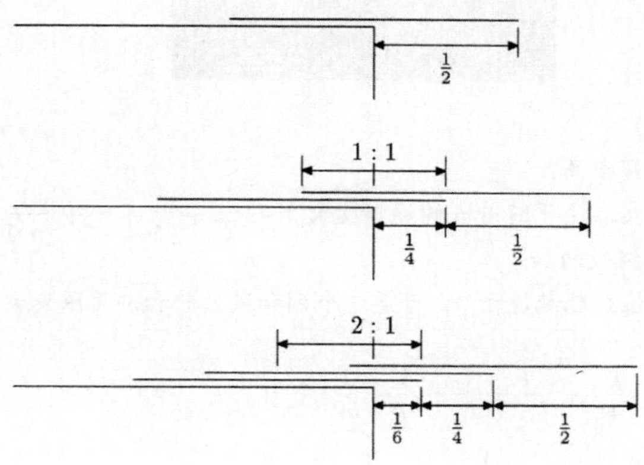

因此 n 张画图用这种方法摞起来的话，可以再探出桌子。

$$\frac{1}{2}\left(1+\frac{1}{2}+\frac{1}{3}+\cdots+\frac{1}{n-1}+\frac{1}{n}\right)$$

当 n＝4 时，值大约是 1.0417，说明最上面一张完全探出了桌子。一张画图 n＝48 时，值为 2.229…，说明有一张以上可以探出桌子。

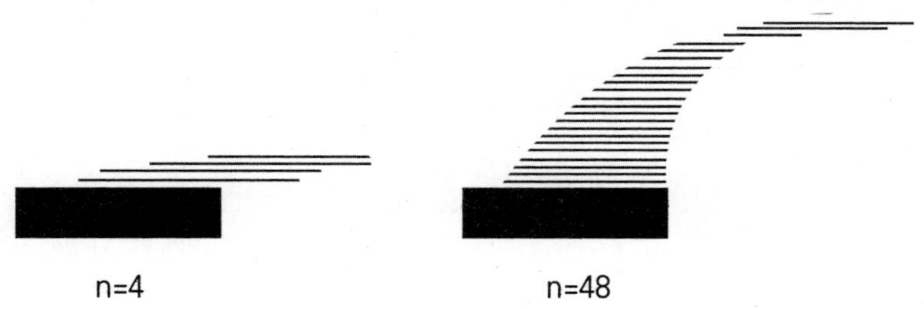

n=4　　　　n=48

下面是实拍的一张摞画图的照片，可以看到有两张画图探出了桌子。图片由 NoSmoke 的朴世忠先生（Khzkii）提供。

画图最高可以摞多高？

这个问题的答案取决于随着 n 的逐渐变大 $1+\frac{1}{2}+\frac{1}{3}+\cdots+\frac{1}{n-1}+\frac{1}{n}$ 会有多大。这个和叫做“调和级数的和”。

n 越大，$\frac{1}{n}$ 的值就越趋近于 0，可是这个调和级数的和却无限变大。证明如下：

$$1+\frac{1}{2}+\left(\frac{1}{3}+\frac{1}{4}\right)+\left(\frac{1}{5}+\frac{1}{6}+\frac{1}{7}+\frac{1}{8}\right)+\cdots$$

$$>1+\frac{1}{2}+\left(\frac{1}{4}+\frac{1}{4}\right)+\left(\frac{1}{8}+\frac{1}{8}+\frac{1}{8}+\frac{1}{8}\right)+\cdots$$

$$=1+\frac{1}{2}+\frac{1}{2}+\frac{1}{2}+\cdots$$

$$=\infty$$

到 17 世纪时，这还是一个令人意想不到的结果，加上无限变小的数得到的结果居然是无限变大。

因为这个值在无限变大，所以画图可能摞出的距离也是无止境的。

当然这只不过是理论上的计算结果，实际是不可能的。因为哪怕想要探出桌子一米，就需要摞超越亿的单位，数量很大。

98的解答&解说

反过来算就行了。

最后一个船员拿走认为属于自己的那一份如果是 K 个的话，早上起来五个船员平分了的 4k 个椰子一定是 5 的倍数。在分椰子之前有 5k 个椰子，再加上留给猴子的一个，一共是 5k + 1 个椰子。

这是第4个船员留下的，第4个船员在分椰子之前有 $\frac{5}{4}(5k+1)+1$ 个椰子。

那么第三个船员在分椰子之前有 $\frac{5}{4}\left(\frac{5}{4}(5k+1)+1\right)+1$ 个椰子，第二个船员在分椰子之前有 $\frac{5}{4}\left(\frac{5}{4}\left(\frac{5}{4}(5k+1)+1\right)+1\right)+1$ 个椰子，第一个船员在分椰子之前有 $\frac{5}{4}\left(\frac{5}{4}\left(\frac{5}{4}\left(\frac{5}{4}(5k+1)+1\right)+1\right)+1\right)+1$ 个椰子。

将上式整理后为：$\frac{3125k+2101}{256}$。

求这个式子可代的最小自然数就行了吧？

3125 和 2101 除以 256 后，余数都是 53，求满足 $53k+53\equiv 0 \pmod{256}$ 的最小自然数 k 即可。因为 $k\equiv -1 \pmod{256}$，那么 $k=256t-1$。

能成为 5 的倍数的最小的 k 是 255，所以椰子的个数是：

$\frac{3125\times 255+2101}{256}=3121$ 个。

要不要来验算一下？

第一个船员：$3121=624\times 4+625$

第二个船员：$624\times 4=2496=499\times 4+500$

第三个船员：$499\times 4=1996=399\times 4+400$

第四个船员：$399\times 4=1596=319\times 4+320$

第五个船员：$319\times 4=1276=255\times 4+256$

早上起来后 $255\times 4=1020$ 个椰子，五个人每人分得 204 个。

我们想象一下，相同的情况发生在 $n(n\geqslant 3)$ 名船员身上。

最后一个船员拿走 k 个椰子的话，那么在分椰子之前有 nk 个椰子，再加上留给猴子的一个，一共是 nk + 1 个椰子。

那么前一个船员分椰子之前就有：

$$\frac{n}{n-1}(nk+1)+1=\frac{n^2k}{n-1}+\frac{n}{n-1}+1$$

个椰子。再往前就是：

$$\frac{n}{n-1}\left(\frac{n^2k}{n-1}+\frac{n}{n-1}+1\right)+1=\frac{n^3k}{(n-1)^2}+\left(\frac{n}{n-1}\right)^2+\frac{n}{n-1}+1$$

个椰子。按照这个思路，第二个船员分之前就会有：

$$\frac{n^{n-1}k}{(n-1)^{n-2}}+\left(\frac{n}{n-1}\right)^{n-2}+\cdots+\frac{n}{n-1}+1$$

个椰子。那么第一个船员分之前，也就是最初有：

$$\frac{n^nk}{(n-1)^{n-1}}+\left(\frac{n}{n-1}\right)^{n-1}+\cdots+\frac{n}{n-1}+1$$

个椰子。把这个式子整理之后是：

$$\frac{n^nk+n^n-(n-1)^n}{(n-1)^{n-1}}$$

因为分子必须被分母整除，所以用恒等式来表示为：

$$n^nk+n^n-(n-1)^n\equiv 0(\mathrm{mod}[n-1]^{n-1})$$

又因为 $(n-1)^n$ 能被 $(n-1)^{n-1}$ 整除，所以要找到能满足 $n^nk+n^n\equiv 0(\mathrm{mod}[n-1]^{n-1})$ 的最小的 k。

$k\equiv -1(\mathrm{mod}[n-1]^{n-1})$，即 $k=(n-1)^{n-1}t-1$。$t=1$ 时这个值最小。可是，因为天亮以后 n 个人要平均分配这剩下的 $(n-1)k$ 个椰子，所以还有一个条件就是 k 被 n 整除。

因为 $n-1\equiv -1(\mathrm{mod}\ n)$，所以 $k=(n-1)^{n-1}t-1\equiv(-1)^{n-1}t-1(\mathrm{mod}\ n)$。

整体椰子的个数 n 是奇数的情况下，t=1 时：

$$\frac{n^n[(n-1)^{n-1}-1]+n^n-(n-1)^n}{(n-1)^{n-1}}=n^n-n+1$$

n 是偶数的情况下，t=n－1 时：

$$\frac{n^n[(n-1)^{n-1}-1]+n^n-(n-1)^n}{(n-1)^{n-1}}=n^{n+1}-n^n-n+1$$

原来问题当中 n=5，所以椰子的总数应该是 $5^5-5+1=3121$ 个，和答案一致。

99的解答&解说

<table>
<tr><td>1. 3</td><td>8</td><td>2. 7</td><td>3. 2</td><td>0</td><td>■</td><td>4. 1</td></tr>
<tr><td>5</td><td>■</td><td>5. 3</td><td>2</td><td>■</td><td>6. 4</td><td>4</td></tr>
<tr><td>5</td><td>■</td><td>9</td><td>■</td><td>7. 3</td><td>5</td><td>2</td></tr>
<tr><td>■</td><td>8. 1</td><td>6</td><td>9. 1</td><td>0</td><td>■</td><td>■</td></tr>
<tr><td>10. 7</td><td>2</td><td>■</td><td>11. 1</td><td>9</td><td>12. 1</td><td>13. 3</td></tr>
<tr><td>9</td><td>■</td><td>■</td><td>■</td><td>14. 7</td><td>9</td><td>2</td></tr>
<tr><td>15. 2</td><td>7</td><td>■</td><td>16. 1</td><td>6</td><td>■</td><td>5</td></tr>
</table>

问题和答案一一对应着看，很麻烦吧？要是买两本书对照着看，就会方便很多哦！可以一边填一边看。

首先把横 8 和横 11 的第一个数字看做 1。

填在横 15 的立方数是 $3^3=27$ 和 $4^3=64$ 中的一个。

如果是 64 的话，横 16 的最后一位应该是 3，但是因为纵 7 是平方数，所以这是不可能的。所以横 15 只能是 27，横 16 是 16，纵 9 是 11。

纵 8 是 12，敦克以时速 3 英里的速度在 12 分钟之内走了 $1\frac{1}{3}$ 圈，小狗草场的周长是 $\frac{3}{60}\times12\times\frac{3}{4}\times1760=792$ 码。这样就求出了横 14。

现在我们来看一下纵 12。把第二列的数字都相加，第一个格子里的数字未知，可是已经填有 1，2，7 这三个数字，所以四个数字的和不会超过 20。因此纵 12 是 19，第二列的第一个数字就是 8。

到这里我们先暂停，检查一下。把目前为止解出来的数字填入表格。

1.	8	2.	3.		■	4.
	■	5.		■	6.	
	■		■	7.		
■	8. 1		9. 1		■	■
10.	2	■	11. 1		12. 1	13.
	■	■	■	14. 7	9	2
15. 2	7	■	16. 1	6	■	

现在看哪儿呢？横 11 很显眼吧？最小的女儿玛丽不可能超过 100 岁，横 11 应该是 191x 的样子吧？

玛丽还没超过 30，所以纵 3 不是由 1 就是由 2 开始。

小狗草场的面积用路得（1 路得=1210 平方码）来表示的话，一定是个整数。这个用平方码来换算是路得数 $\times4840\div4=$ 整数 $\times1210$，纵 7 是小狗草场的宽的平方数，现在已知最后两位是 76 草场的周长是 792 码，这块草场的长是 $792\div2-$ 宽，还是偶数。所以横 1 是 4 的倍数，且只能以 20 结束。

这块地的长宽之积是 x8x20，和是 396，积是 1210 的倍数，所以也是 11×11 的倍数。

因为长宽都是 11 的倍数，所以只可能长是 220，宽是 176。（纵 7：220 的平方数的末尾不是 76。）

用以上解出的答案填充下列表格。

1. 3	8	2. 7	3. 2	0	■	4.
	■	5.	2	■	6. 4	4
	■		■	7. 3	5	2
■	8. 1		9. 1	0	■	■
10.	2	■	11. 1	9	12. 1	13. 3
	■	■	■	14. 7	9	2
15. 2	7	■	16. 1	6	■	5

纵 1 中小狗草场的价格是 1 英亩3××先令，换算成英镑后大于或等于 15 英镑小于 20 英镑。

牧场的面积是 8 英亩，所以纵 4 以 1 开始，是 142，纵 1 是 355。

根据问题的条件，有一个横向和一个纵向是相同的数，这个数只能是纵 10。

以 2 结尾的纵向数只有 352 和 792 两个。纵 10 是敦克的年龄乘以 11 的积，所以不可能是 352。(他的长子都已经 45 岁了。)

那么纵 10 就是 792，现在剩下纵 2 是 7××6。它不是 84^2 就是 86^2。如果它是 $86^2=7056$ 的话，横 5 就以 0 开始，这个肯定不行，所以纵 2 是 $84^2=7396$。把以上的结果填入表格即可。

1. 3	8	2. 7	3. 2	0	■	4. 1
5	■	5. 3	2	■	6. 4	4
5	■	9	■	7. 3	5	2
■	8. 1	6	9. 1	0	■	■
10. 7	2	■	11. 1	9	12. 1	13. 3
9	■	■	■	14. 7	9	2
15. 2	7	■	16. 1	6	■	5

100的解答&解说

猜对最多的是个男孩，这个孩子猜对了 4 只，剩下 4 只猜对了种类，但是性别写反了。孩子们的答案整理如下。

	T公	T母	B公	B母	R公	R母	J公	J母
Mary	R公	R母	J公	J母	T母	T公	B母	B公
女1	B母	B公	T公	T母	J公	J母	R公	R母
男1	T公	T母	B母	B公	R母	R公	J公	J母
男2	B公	B母	T公	T母	J母	J公	R母	R公
男3	R公	R母	J公	J母	T公	T母	B公	B母

各个动物如下呈现。

T公	T母	B公	B母
A_1：(1，0，0，0)	$-A_1$:(-1，0，0，0)	A_2：(0，1，0，0)	$-A_2$:(0，-1，0，0)
R公	、R母	J公	J母
A_3：(0，0，1，0)	$-A_3$:(0，0，-1，0)	A_4：(0，0，0，1)	$-A_4$:(0，0，0，-1)

假如一个孩子把 T 公写成 B 母的话，我们用 $A_1 \to -A_2$ 来表示，这种“变换”用矩阵来表示的话，就是：

$$-A_2=\begin{pmatrix} 0 & ? & ? & ? \\ -1 & 0 & 0 & 0 \\ 0 & ? & ? & ? \\ 0 & ? & ? & ? \end{pmatrix} A_1$$

(A_1 纵向摆放，同这个矩阵相乘)

现在 n 个孩子的推测用这种矩阵 E_m 来表示，那么他们的答案就可以用 $A \rightarrow E_m A$ 来表示。

管理员说："真奇妙，我正在看 Mary 和 John 写的答案，Mary 认为是公 Tove 的动物就是 John 想的动物，John 认为是母 Tove 的动物就是 Mary 想的动物。任何两个答案都是如此，并且四种动物也是这样。"

这个用矩阵来表示的话，Mary 认为公 Tove 的动物就是 $E_{Mary}^{-1}A_1$，John 认为是母 Tove 的动物就是 $E_{Mary}^{-1}(-A_1)$。所以，等式

$$E_{John}^{-1}(E_{Mary}^{-1}A_1)=E_{Mary}^{-1}[(E_{John}^{-1}(-A_1)]=-E_{Mary}^{-1}(E_{John}^{-1}A_1)$$

对所有的答案和所有的动物都成立，所以 $p \neq q$ 时，$E_pE_q=-E_qE_p$。

管理员的另一句话"真是越来越神奇了！男孩子们把公 Tove 认为是公 Tove，女孩子们把公 Tove 认为是母 Tove"，也就是说，举个例子，Mary 认为是公 Tove 的动物其实是母 Rathe，Mary 认为是母 Rathe 的动物其实是母 Tove。所有答案和四种动物都是这样。"用矩阵表示的话，就是：

$$E_{boy}A_1=E_{boy}^{-1}A_1,\ E_{girl}A_1=E_{girl}^{-1}(-A_1)$$

这个仍然对所有的答案和所有的动物都成立，所以 $E_{boy}^2=I$，$E_{girl}^2=-I$。 ①

因为矩阵 E_m 的行和列中只有一个 1 或者 -1，所以为了满足①式，E_{boy} 必须以矩阵的对角线为中心对称，以矩阵的对角线为中心符号相反才行。

现在想一下 Mary 的答案，因为 $A_1=E_{Mary}(-A_3)$，$-A_3=E_{Mary}(-A_1)$，所以：

$$E_{Mary}=\begin{pmatrix} 0 & 0 & -1 & 0 \\ 0 & 0 & 0 & ? \\ 1 & 0 & 0 & 0 \\ 0 & ? & 0 & 0 \end{pmatrix}$$

同样，因为可以 $A_2=E_{Mary}(-A_4)$，$-A_4=E_{Mary}(-A_2)$，所以：

$$E_{Mary}=\begin{pmatrix} 0 & 0 & -1 & 0 \\ 0 & 0 & 0 & -1 \\ 1 & 0 & 0 & 0 \\ 0 & 1 & 0 & 0 \end{pmatrix}$$

(需要的话，A_2 和 A_4 可以交换，所以可以这样假设。)

现在对于女孩子们来说，要寻找一个满足 $E_{Mary}E_{girl}=-E_{girl}E_{Mary}$ 的矩阵。对角线都是 0，所以先从下面这种情况开始考虑。

$$E_m=\begin{pmatrix} 0 & 1 & 0 & 0 \\ -1 & 0 & 0 & 0 \\ 0 & 0 & 0 & ? \\ 0 & 0 & ? & 0 \end{pmatrix}$$

这个矩阵必须要满足 $E_{Mary}E_m=-E_mE_{Mary}$，所以 $E_{Mary}E_m$ 的 3 行 2 列 (=1) 和 E_mE_{Mary}3 行 2 列相比较的话，应该是：

$$E_m=\begin{pmatrix} 0 & 1 & 0 & 0 \\ -1 & 0 & 0 & 0 \\ 0 & 0 & 0 & -1 \\ 0 & 0 & 1 & 0 \end{pmatrix}$$

用这种方法寻找满足 $E_{Mary}E_m=-E_mE_{Mary}$ 矩阵的话，会有下面四种可能：

$$\pm\begin{pmatrix} 0 & 1 & 0 & 0 \\ -1 & 0 & 0 & 0 \\ 0 & 0 & 0 & -1 \\ 0 & 0 & 1 & 0 \end{pmatrix},\quad \pm\begin{pmatrix} 0 & 1 & 0 & 0 \\ -1 & 0 & 0 & 0 \\ 0 & 0 & 0 & -1 \\ 0 & 0 & 1 & 0 \end{pmatrix}$$

可是，只是符号不同的两个矩阵不能满足 $E_pE_q=-E_qE_p$，所以女孩子们包括 Mary 在内最多有 3 个人，各自的矩阵分别是：

$$E_{Mary}=\begin{pmatrix} 0 & 0 & -1 & 0 \\ 0 & 0 & 0 & -1 \\ 1 & 0 & 0 & 0 \\ 0 & 1 & 0 & 0 \end{pmatrix},\quad G_1=\begin{pmatrix} 0 & 1 & 0 & 0 \\ -1 & 0 & 0 & 0 \\ 0 & 0 & 0 & -1 \\ 0 & 0 & 1 & 0 \end{pmatrix},\quad G_2=\begin{pmatrix} 0 & 0 & 0 & 1 \\ 0 & 0 & -1 & 0 \\ 0 & 1 & 0 & 0 \\ -1 & 0 & 0 & 0 \end{pmatrix}$$

现在来想一下男孩子们的情况。一个男孩子的矩阵可以如下表示：

$$E_m=\pm\begin{pmatrix} 1 & 0 & 0 & 0 \\ 0 & ? & ? & ? \\ 0 & ? & ? & ? \\ 0 & ? & ? & ? \end{pmatrix}$$

因为要满足 $E_{Mary}E_m=-E_mE_{Mary}$，所以：

$$E_m=\pm\begin{pmatrix}1&0&0&0\\0&?&0&?\\0&?&-1&?\\0&?&0&?\end{pmatrix}$$

要满足 $G_1E_m=-E_mG_1$，所以：

$$E_m=\pm\begin{pmatrix}1&0&0&0\\0&-1&0&0\\0&0&-1&?\\0&0&0&1\end{pmatrix}$$

可是这个举证不能满足 $G_2E_m=-E_mG_2$。

同样，求满足 $E_{Mary}E_m=-E_mE_{Mary}$ 和 $G_1E_m=-E_mG_1$ 的矩阵的话，有：

$$\pm\begin{pmatrix}1&0&0&0\\1&0&0&0\\0&0&0&-1\\0&0&-1&0\end{pmatrix},\ \pm\begin{pmatrix}0&0&1&0\\0&0&0&1\\1&0&0&0\\0&1&0&0\end{pmatrix}$$

无论哪一个都不能满足 $G_2E_m=-E_mG_2$。这个和男孩子最少也有 1 名相矛盾，所以可知女孩子不是 3 名。

即使没有 G_2，为了不是去普遍性，当女孩子是 2 个人的时候，求男孩子的人数，首先求出的 6 个人是：

$$\pm\begin{pmatrix}1&0&0&0\\0&-1&0&0\\0&0&-1&0\\0&0&0&1\end{pmatrix},\ \pm\begin{pmatrix}0&1&0&0\\1&0&0&0\\0&0&0&-1\\0&0&-1&0\end{pmatrix},\ \pm\begin{pmatrix}0&0&1&0\\0&0&0&1\\1&0&0&0\\0&1&0&0\end{pmatrix}$$

可是，因为女孩子总是不能满足符号不同的两个矩阵 $E_pE_q=-E_qE_p$，所以男孩子包括 John 在内有 3 人，各自的矩阵表示为：

$$B_1=\begin{pmatrix}1&0&0&0\\0&-1&0&0\\0&0&-1&0\\0&0&0&1\end{pmatrix},\ B_2=\begin{pmatrix}0&1&0&0\\1&0&0&0\\0&0&0&-1\\0&0&-1&0\end{pmatrix},\ B_3=\begin{pmatrix}0&0&1&0\\0&0&0&1\\1&0&0&0\\0&1&0&0\end{pmatrix}$$

并且这三个矩阵满足 $B_pB_q=-B_qB_p$，所以满足问题的所有条件。

现在还剩下一点，那就是有没有可能女孩子只有Mary一个人，男孩子有4个人以上。

先假设男孩子大于或等于4人。四个男孩子分别叫做 B_1、B_2、B_3、B_4。那么加上符号就是：

$$B_1=\pm\begin{pmatrix}1&0&0&0\\0&?&?&?\\0&?&?&?\\0&?&?&?\end{pmatrix}\quad B_2=\pm\begin{pmatrix}0&1&0&0\\1&0&0&0\\0&0&?&?\\0&0&?&?\end{pmatrix}$$

$$B_3=\pm\begin{pmatrix}0&0&1&0\\0&?&0&?\\1&0&0&0\\0&?&0&?\end{pmatrix}\quad B_4=\pm\begin{pmatrix}0&0&0&1\\0&?&?&0\\0&?&?&0\\1&0&0&0\end{pmatrix}$$

$E_{Mary}B_m=-B_mE_{Mary}$ 中，

$$B_1=\pm\begin{pmatrix}1&0&0&0\\0&?&0&?\\0&0&-1&0\\0&?&0&?\end{pmatrix}\quad B_2=\pm\begin{pmatrix}0&1&0&0\\1&0&0&0\\0&0&0&-1\\0&0&-1&0\end{pmatrix}$$

$$B_3=\pm\begin{pmatrix}0&0&1&0\\0&?&0&?\\1&0&0&0\\0&?&0&?\end{pmatrix}\quad B_4=\pm\begin{pmatrix}0&0&0&1\\0&0&1&0\\0&1&0&0\\1&0&0&0\end{pmatrix}$$

那么 $B_1B_2=-B_2B_1$ 和 $B_3B_2=-B_2B_3$ 中，应该：

$$B_1=\pm\begin{pmatrix}1&0&0&0\\0&-1&0&?\\0&0&-1&0\\0&0&0&1\end{pmatrix}\quad B_2=\pm\begin{pmatrix}0&0&1&0\\0&0&0&1\\1&0&0&0\\0&1&0&0\end{pmatrix}$$

这样一来 $B_1B_3\neq-B_3B_1$，男孩子不能是4名。

所以两个女孩子(Mary，G_1)和三个男孩子(B_1、B_2、B_3)是唯一的可能性。

$$E_{Mary}=\begin{pmatrix}0&0&-1&0\\0&0&0&-1\\1&0&-1&0\\0&1&0&0\end{pmatrix},\quad G_1=\begin{pmatrix}0&1&1&0\\-1&0&0&0\\0&0&0&-1\\0&1&0&0\end{pmatrix}$$

$$B_1=\begin{pmatrix}1&0&0&0\\0&-1&0&0\\0&0&-1&0\\0&0&0&1\end{pmatrix},\quad B_2=\begin{pmatrix}0&1&0&0\\1&0&0&0\\0&0&0&-1\\0&0&-1&0\end{pmatrix},\quad B_3=\begin{pmatrix}0&0&1&0\\0&0&0&1\\1&0&0&0\\0&1&0&0\end{pmatrix}$$

在矩阵对角线上的 1 表示准确猜出。所以猜对最多的孩子是男孩子，这个孩子猜对了 4 只动物，剩下四只猜对了类别可是写错了性别。

孩子们的答案整理如下：

	T 公	T 母	B 公	B 母	R 公	R 母	J 公	J 母
Mary	R 公	R 母	J 公	J 母	T 公	T 母	B 母	B 公
G_1	B 母	B 公	T 公	T 母	J 公	J 母	R 公	R 母
B_1	T 公	T 母	B 母	B 公	R 母	R 公	J 公	J 母
B_2	B 公	B 母	T 公	T 母	J 公	J 母	R 公	R 母
B_3	R 公	R 母	J 公	J 母	T 公	T 母	B 公	B 母

用语解释

***e*：**在解析学、微分方程式、统计等众多数学领域登场的常数 n，随着它无限变大，越来越趋近于 $(1+\frac{1}{n})^n$ 的值。

还可以像下面一样，用无限极数之和的形式来表示。

$$e=1+\frac{1}{1!}+\frac{1}{2!}+\frac{1}{3!}+\frac{1}{4!}+\cdots=2.718281828\cdots$$

***阶乘*：**对于自然数 n，从 1 到 n 的乘积，即 $1\times2\times3\times\cdots(n-1)\times n$ 叫做 n 的阶乘，用 n! 来表示。

比如，1！=1，2！=2，3！=6，4！=24，5！=120，6！=720。

***等比数列求和*：**如果一个数列从第 2 项起，每一项与它的前一项的比等于同一个常数，这个数列就叫做等比数列。这个常数叫做等比数列的公比。第一项是 a，公比是 $r(r\neq1)$ 的等比数列为：

$$a，ar，ar^2，ar^3，ar^4\cdots$$

把这个等比数列的各项按顺序相加就是对等比数列求和。前 n 项之和为：

$$a+ar+ar^2+ar^3+ar^4+\cdots+ar^{n-1}=\frac{a(1-r^n)}{1-r}$$

在 $-1<r<1$ 时，无限加项后的等比数列之和是：

$$a+ar+ar^2+ar^3+\cdots=\frac{a}{1-r}$$

***倍数判断法*：**判断一个数是不是另一个数的倍数时，不用除法就能将其判定的方法。用得最多的就是 2~9 的倍数判断法。

2 的倍数：如果一个数的末位是偶数 0，2，4，6，8 中的一个，那么这个数就是 2 的倍数。比如，2520 的末位是 0，所以它就是 2 的倍数。$2520=2\times1260$。

3 的倍数：一个数各位数上的数相加后的和是 3 的倍数的话，那么这个数就是 3 的倍数。比如，2520 各个位数上的数相加后的和是 $2+5+2+0=9$，9 是 3 的倍数，所以 2520 就是 3 的倍数。2520=3×840。

4 的倍数：一个数末两位上的数是 4 的倍数的话，那么这个数就是 4 的倍数。比如：2520 的末两位是 20，20 是 4 的倍数，所以 2520 就是 4 的倍数。2520=4×630。

5 的倍数：一个数的末位数是 0 或者 5 时，这个数就是 5 的倍数。比如：2520 的末位是 0，所以 2520 是 5 的倍数。2520=5×504。

6 的倍数：当一个数既是 2 的倍数又是 3 的倍数时，那么这个数就是 6 的倍数。比如：2520 的末位是 0，它是 2 的倍数，同时它各位数上的和是 9，又是 3 的倍数，所以 2520 就是 6 的倍数。2520=6×420。

7 的倍数：把一个数的末位乘以 2，然后用去掉末位数的数减去这个积，如果结果是 7 的倍数，那么这个数就是 7 的倍数。比如，把 2520 的末位乘以 2，再用去掉末位数的数减去这个积的话，结果是 252-0×2=252。再继续，把 252 的末位乘以 2，再用去掉末位数的数减去这个积的话，结果是 25-2×2=21，21 是 7 的倍数，所以 2520 就是 7 的倍数。2520=7×360。

8 的倍数：一个数的末三位数能被 8 整除的话，那么它就是 8 的倍数。比如，2520 的末三位是 520，它能被 8 整除，所以 2520 就是 8 的倍数。2520=8×315。

9 的倍数：一个数各位数上的数相加后的和能被 9 整除的话，那么这个数就是 9 的倍数。比如，2520 各位数上的数相加后的和是 2＋5＋2＋0=9，9 当然可以被 9 整除，所以 2520 就是 9 的倍数。2520=9×280。

排列：从 n 个元素当中选出 r 个元素按顺序排列的方法数叫做排列。

第一位是 n 个元素，第二位是 n-1 个元素，……，第 r 位是 n-(r-1)=n-r＋1 个元素。排列就是 n×(n-1)×…×(n-r＋1)。

这个值经常引用“permutation”的首字母 P，用 P_n^r 来表示。用阶乘，即 n!=n×(n-1)×…×2×1 表示为：

$$P_n^r=n\times(n-1)\times\cdots\times(n-r+1)$$

$$=\frac{n\times(n-1)\times\cdots\times(n-r+1)\times(n-r)\times(n-r-1)\times\cdots\times2\times1}{(n-r)\times(n-r-1)\times\cdots\times2\times1}$$

$$=\frac{n!}{(n-r)!}$$

n 个元素按照顺序全部排列，也就是全排列的方法公式是 P_n^r=n!，一般把 0! 定义为 1。

比如，从 a、b、c 这 3 个字母当中选出 2 个，按顺序排列的方法有 ab、ac、ba、bc、ca、cb 这 6 种，即 P_3^2=6。这和把 n=3，r=2 代入上述公式得到的结果一致。

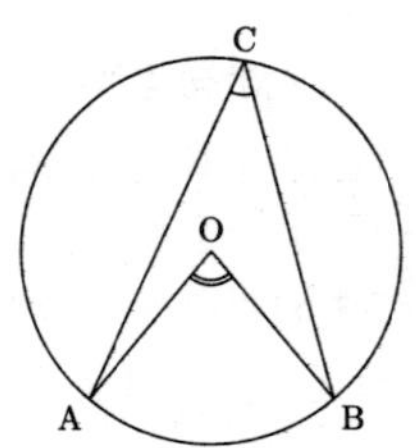

圆周角： 如下图所示，圆上有三个点，由这三个点组成的∠ACB 叫做 $\overset{\frown}{AB}$ 对应的圆周角。圆周角的度数是 $\overset{\frown}{AB}$ 对应圆心角的度数的一半。

组合： 从 n 个元素中选出 r 个元素并成一组，叫做从 n 个不同元素中取出 r 个元素的一个组合，从 n 个不同元素中取出 r 个元素的所有组合的个数，叫做从 n 个不同元素中取出 r 个元素的组合数。通常引用 combination 的首字母 C，用 C_n^r 表示。

和排列要考虑顺序不同，组合不需要考虑顺序。从 n 个中选出 r 个（$=C_n^r$）后，这 r 个（r！）罗列的方法数是 $C_n^r \times r!$ 。这个值和 P_n^r 相同。

$$C_n^r=\frac{P_n^r}{r!}=\frac{n!}{r!(n-r)!}$$

比如从 a、b、c、d 这 4 个字母中选出 2 个，一共有 a、b；a、c；a、d；b、c；b、d 和 c、d 这 6 种方法。即 $C_4^2=6$。这和把 n=4，r=2 代入上式，计算结果相同。

斐波那契数列： 第 1 项和第 2 项是 1，后面的项是前两项和的数列叫做斐波那契数列。这个数列根据 13 世纪意大利数学家斐波那契的名字而命名。可以用：

$$\begin{cases} F_1=F_2=1 \\ F_n=F_{n-1}+F_{n-2}\ (n \geqslant 3) \end{cases}$$
来表示。

此数列表示为：1，1，2，3，5，8，13，21，34，55，89，144…

相邻两项的比是 $\frac{1}{1}$，$\frac{2}{1}$，$\frac{3}{2}$，$\frac{5}{3}$，$\frac{8}{5}$，$\frac{13}{8}$，$\frac{21}{12}$ …逐渐靠近黄金比例。

同余式：a、b 两个数的差 a - b 是 n 的倍数时用 $a \equiv b \pmod{n}$ 来表示，这个式子叫做同余式。比如，3125 - 3072 = 12 × 256，所以可以用同余式表示为 $3125 \equiv 53 \pmod{256}$。

如果和 n 互为质数的整数 d 可以整除 a，b 的话，则 $\frac{a}{d} \equiv \frac{b}{d} \pmod{n}$ 成立。

当 d 能同时整除 a，b，n 时，则 $\frac{a}{d} \equiv \frac{b}{d} \left(\bmod \frac{n}{d}\right)$ 成立。

比如：$55 \equiv 15 \pmod{8}$ 两边用 5 除的话，则 $11 \equiv 3 \pmod{8}$ 成立。

$55 \equiv 15 \pmod{20}$ 两边除以 5 的话，不是 $11 \equiv 3 \pmod{20}$ 而是 $11 \equiv 3 \pmod{4}$。

矩阵：把数字排列成如下的正方形叫做矩阵。根据行和列的数字的个数，从左下图开始分别是 2 × 2 矩阵，2 × 3 矩阵和 4 × 4 矩阵。n × n 的矩阵叫做 n 次正方形矩阵。

$$\begin{pmatrix} 1 & 2 \\ 3 & 4 \end{pmatrix} \quad \begin{pmatrix} 1 & 2 & 3 \\ 4 & 5 & 6 \end{pmatrix} \quad \begin{pmatrix} 1 & 2 & 3 \\ 4 & 5 & 6 \\ 7 & 8 & 9 \end{pmatrix}$$

在矩阵的运算中，最重要的就是矩阵的乘法。下列是两个 2 次正方形矩阵相乘的例子。

$$\begin{pmatrix} 11 & 12 \\ 21 & 22 \end{pmatrix} \begin{pmatrix} -11 & -12 \\ -21 & -22 \end{pmatrix}$$

$$= \begin{pmatrix} 11 \times (-11) + 12 \times (-21) & 11 \times (-12) + 12 \times (-22) \\ 21 \times (-11) + 22 \times (-21) & 21 \times (-12) + 22 \times (-22) \end{pmatrix}$$

黄金比：在被分成两部分的线段中，较短部分与较长部分的比等于较长部分与整条线段的比时，这个比例就叫做黄金比。

下图中，AG：BG 就是黄金比的一个例子。

比值为 $1 : x = x : (1 + x)$，$x = \frac{1+\sqrt{5}}{2} = 1.618\cdots$

图书在版编目（CIP）数据

左脑思维与趣味数学．多项思维能力的全面开发 /（韩）朴富成著；张颖译．—南京：译林出版社，2015.5

ISBN 978-7-5447-5417-0

Ⅰ.①左… Ⅱ.①朴… ②张… Ⅲ.①智力游戏-通俗读物 Ⅳ.①G898.2

中国版本图书馆CIP数据核字（2015）第064007号

书　　名 左脑思维与趣味数学：多项思维能力的全面开发
作　　者 〔韩国〕朴富成
译　　者 张　颖
责任编辑 王振华
特约编辑 段颖龙
出版发行 凤凰出版传媒股份有限公司
译林出版社
出版社地址 南京市湖南路1号A楼，邮编：210009
电子信箱 yilin@yilin.com
出版社网址 http://www.yilin.com
印　　刷 三河市华润印刷有限公司
开　　本 710×1000毫米　1/16
印　　张 13.5
字　　数 150千字
版　　次 2015年5月第1版　2015年5月第1次印刷
书　　号 ISBN 978-7-5447-5417-0
定　　价 24.80元
译林版图书若有印装错误可向承印厂调换